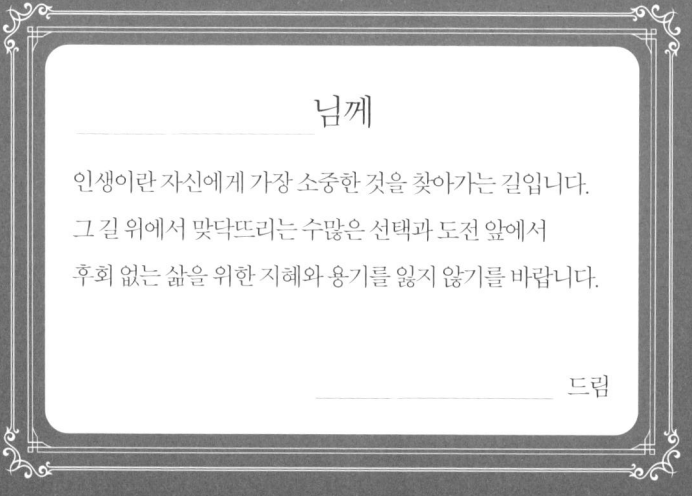

_____ 님께

인생이란 자신에게 가장 소중한 것을 찾아가는 길입니다.
그 길 위에서 맞닥뜨리는 수많은 선택과 도전 앞에서
후회 없는 삶을 위한 지혜와 용기를 잃지 않기를 바랍니다.

_____ 드림

Howard's Gift

Text Copyright ⓒ 2012 by Eric. C. Sinoway
Published by arrangement with St. Martin's Press, LLC. All rights reserved.

Korean translation Copyright ⓒ 2013 by Wisdomhouse Publishing CO., Ltd
Korean edition is published by arrangement with St. Martin's Press, LLC
through Imprima Korea Agency

이 책의 한국어판 저작권은 Imprima Korea Agency를 통해
St. Martin's Press, LLC와의 독점 계약으로 ㈜위즈덤하우스에 있습니다.
저작권법에 의해 한국 내에서 보호를 받는 저작물이므로
무단 전재와 무단 복제를 금합니다.

하워드의 선물

인생의 전환점에서 만난 필생의 가르침

에릭 시노웨이·메릴 미도우 지음
김명철·유지연 옮김

위즈덤하우스

* * *

인생은 흘러가는 것이 아니라 채우고 또 비우는 과정의 연속이다.
무엇을 채우느냐에 따라 결과는 달라지며
무엇을 비우느냐에 따라 가치는 달라진다.
인생이란 그렇게 채우고 또 비우며
자신에게 가장 소중한 것을 찾아가는 길이다.
그 길 위에서 맞닥뜨리는 수많은 선택과 도전 앞에서
후회 없는 선택을 위한 지혜와
그것을 실행할 수 있는 용기를 잊지 않기를 바라며…….

한국의 독자들에게

 이 책을 쓰기 시작할 무렵, 주식시장은 연일 사상 최고치를 경신했고 지구촌에는 날마다 새로운 억만장자가 생겨나고 있었다. 경제 호황은 영원히 계속될 것만 같았다. 사람들은 돈이 곧 성공이고, 성공이 곧 행복이라 여겼다. 그러나 상황은 하루아침에 완전히 바뀌고 말았다. 세계경제가 놀랄 만큼 급속도로 붕괴된 것이다.
 사람들은 승진이나 임금 인상은 잊어버린 채 일자리를 유지하는 것만으로도 감지덕지하게 되었다. 공들여 학위를 따낸 사람들은 차갑게 얼어붙은 취업시장 앞에서 방황했다. 심지어 돈을 가진 사람들마저도 엄청난 두려움에 사로잡혔다. 이 일련의 사건들은 우리에게 '더 이상 이런 식으로는 안 된다'는 단순하면서도 준엄한 교훈을 던져주었다. 그렇다면 이제 어떻게, 어디로 가야 하는가?
 삶이 뜻밖의 커브길에서 마찰을 일으키며 삐걱거릴 때마다 우리는 누군가 현명한 사람의 도움을 절실히 필요로 한다. 어디로 가야 할지 몰라 우왕좌왕하는 반지 원정대에게 지팡이를 높이 치켜들어 방향을 알려주는 간달프처럼, 우리가 직면한 고난을 스스로 해결할 수 있도록 길을 안내해 줄 수 있는 그런 사람을.

8년 전 나는 하버드 경영대학원Harvard Business School에서 놀라운 인물을 알게 되었다. 그는 하버드 대학의 상징적인 존재이자 '기업가 정신entrepreneurship'의 거목인 하워드 스티븐슨이었다. 내 삶이 전혀 다른 차원으로 바뀌기 시작한 것은 그때부터였다. 그는 냉철한 지성과 따뜻한 인간미를 겸비한 멘토이자 타고난 안내자였다. 나는 그와 함께 하버드 캠퍼스와 찰스 강변을 걸으며 수많은 대화를 나누었다. 그리고 그의 폭넓은 경험과 지혜와 통찰력을 통해 우리에게 정말로 필요한 것이 무엇인지, '성공'이란 무엇이며 급변하는 이 시대에 어떻게 하면 최적의 항로를 찾을 수 있는지를 배웠다. 이 책은 바로 그 대화의 산물이다.

이 책이 한국의 독자들과 만나게 된 것은 어쩌면 자연스러운 일일 것이다. 오랜 역사 속에서, 그리고 최근의 세계경제 위기 속에서 한국인들이 보여준 저력이야말로 하워드가 누누이 강조해 온 '전환점'의 가장 긍정적인 사례이기 때문이다. 모두가 망설이고 주저할 때 적극적으로 변화를 시도해 온 한국인들의 용기와 역동성은 곧 전환점의 핵심요소이기도 하다.

전환점이란 '지금 이대로'가 아닌 '앞으로 어떻게'라는 시선으로 우리를 돌려세운다. 그것은 우리가 끝없이 목표를 재설정하고 용기 있게 앞으로 나아갈 수 있게 하는 기폭제와도 같다.

삶은 복잡하고 혼란스러우며 늘 불확실하지만, 그럼에도 삶이 계속되는 한 우리의 인생 경영계획은 꾸준히 작동해야 한다. 아무리 커다란 좌절을 겪은 사람이라도 가슴 깊은 곳에는 최소한의 희망이 씨앗처럼 남아 있다. 그리고 모든 씨앗에는 저마다의 궁극적인 계획이 들어 있다. 이 책이 그 계획을 가동시키는 기폭제가 되기를 희망한다. 아울러 하워드와의 간접적인 만남이 한국 독자 여러분에게도 의미 있는 전환점이 될 수 있기를 간절히 바란다.

2013년 2월
에릭 시노웨이

| 차례 |

한국의 독자들에게 | 006
| 프롤로그 | 어떻게 후회 없는 삶을 살 것인가 | 012

1 지금 걸려 넘어진 그 자리가 당신의 전환점이다 | 021

2 멈추고, 인생의 마지막 장면에서 다시 시작하라 | 043

3 위대한 도전자들은 용감한 것이 아니라
  단지 용기를 선택했을 뿐이다 | 063

4 인생은 어려울 때가 제대로 가고 있는 것이다 | 085

5 '되고 싶은 나'를 향한 삶의 균형 잡기 | 105

6 당장의 만족보다는 '남기고픈 유산'을 향해 나아가라 | 125

7 당신을 노리고 있는 달콤한 착각들 | 145

8 당신의 능력은 '세상의 평가'보다 더 높은 곳에 있다 | 165

9 당신에게 맞지 않는 신발은 과감히 버려라 | 183

10 그대는 그대의 삶, 그대로를 살아라 | 209

11 당신 인생에 투자할 진정한 멘토를 찾아라 | 233

12 당신을 위해 구덩이로 뛰어들 사람은 누구인가 | 257

| 에필로그 | 인생의 새로운 물결을 일으켜라 | 274

| 프롤로그 |

어떻게 후회 없는 삶을 살 것인가

어느 포근한 겨울 오후, 매사추세츠 주 케임브리지의 하버드 경영대학원 주차장에서였다. 동료가 충격적인 소식을 전했다.

"이봐, 에릭! 소식 들었어? 하워드 교수님이 심장마비로 쓰러지셨대!"

순간 온몸이 굳어버린 듯 꼼짝할 수가 없었다.

하워드 스티븐슨 교수는 하버드 경영대학원의 전설적인 존재였다. 그는 '기업가 정신'을 학문의 영역으로 끌어올린 개척자이자 진정한 자선가였으며, 박애 정신을 지닌 최고의 조언자였다. 학생들에게는 우상과 같은 스승이었고, 기업의 리더들에게는 큰 산과 같은 존재였다. 무엇보다도 그는 따뜻한 친구이자 너그러운 멘토였다. 하버드 경영대학원에서는 그를 '기업가 정신의 아버지'라 일컬었지만, 나에게 그는 '제2의 아버지'였다. 그런 하워드 교수가 66세에 심장마비로 쓰러진 것이다.

"어디야! 병원이 어디야?"

"지금은 만날 수 없어. 의사들이 심폐소생술을 하고 있대. 어쩌면 깨어나지 못할 수도 있어."

나는 제정신이 아닌 채로 그때부터 몇 시간 동안 여기저기 전화를 걸고 사방으로 뛰어다녔다. 하지만 하워드의 상태를 정확히 아는 사람은 아무도 없었다. 오후가 끝나갈 즈음에서야 하워드의 조교인 바비와 간신히 연락이 닿았다.

"다행히 회복하셨어요. 하늘이 그분을 데려가려다가 갑자기 생각을 바꾼 모양이라고 하더군요. 정말 운이 좋았어요."

하워드는 점심식사를 하고 캠퍼스를 거닐다 쓰러졌다. 놀랍게도 그가 쓰러진 곳은 휴대용 제세동기(전기 충격으로 심장 박동을 회복시키는 의료기기 — 옮긴이)를 갖춘 건물 옆이었다. 그가 쓰러지자마자 누군가 재빨리 제세동기를 가져와 응급조치를 취했다는 것이다. 게다가 다행스럽게도 하버드 경영대학원 캠퍼스에서 병원까지는 겨우 3킬로미터 거리였다.

"곁에 아무도 없을 때 심장마비 환자가 쓰러질 경우, 생존 확률은 1퍼센트도 안 돼."

그날 밤 만난 외과 의사이자 과학자인 내 친구 조시는 이렇게 말했다. 한마디로 하워드가 만일 다른 장소에서 쓰러졌다면 지금쯤 다들 장례식을 준비하고 있었을 거라는 얘기였다.

큰 위기를 기적처럼 넘겼다는 건 알았지만 나는 여전히 마음이 무거웠다. 병원으로 차를 모는 동안 줄곧 조마조마하기만 했다. 그가 예전에 구름을 바라보면서 '하늘에 있는 위대한 비즈니스 스쿨'이라 부르던 곳으로 영영 가버리는 건 아닐까.

내가 하워드를 만난 것은 30대 시절, 사회 경력자들을 위한 하버드 케네디 스쿨 대학원 과정에서 한창 공부하던 무렵이었다. 하워드를 묘사하자면 많은 수식어가 필요하다. 그의 사업 감각은 워런 버핏을 닮았고 마음씨와 정신은 『모리와 함께한 화요일』의 모리를 닮았다. 외모는 「스타워즈」에 나오는 현명한 제다이 기사 요다를 쏙 빼닮았지만, 하워드는 현란한 광선검 대신 예리한 논리력과 통찰력을 휘둘렀다.

처음 대화를 나눌 때부터 나는 곱슬곱슬한 머리에 기이한 미소를 지닌 이 아이비리그 학자와 꽤 잘 통한다는 느낌을 받았다. 본질을 꿰뚫어보는 듯한 눈빛은 늘 장난기와 호기심으로 가득했고, 말솜씨는 재치가 넘쳤다. 얼마 못 가 나는 그의 독특한 분위기에 완전히 매료되고 말았다. 그 이후 우리는 끝없이 대화하고 토론하고 분석하며 수많은 날들을 함께했다.

병원 앞에 다다라서야 나는 그가 내게 어떤 존재인지 한 번도 고백한 적이 없었다는 사실을 깨달았다. 삶에 대한 나의 고정관념을 깨뜨려준 그에게 나는 여태까지 고맙다는 말 한마디조차 하지 못했다. 그가 내게 보여준 빛나는 지혜에 감사하다는 말도, 사랑한다는 말도 하지 못했다. 우리에겐 아직 많은 시간이 남아 있다고 생각했기 때문이다.

병실 문을 열고 들어서자 하워드는 특유의 맑고 총명한 눈으로 나를 맞이했다. 나는 무슨 말부터 꺼내야 할지 몰라 이렇게 물었다.

"깨어나서 가장 먼저 무슨 생각이 드셨어요?"

그러자 그는 아무렇지 않은 듯 이렇게 말했다.

"눈 뜨자마자 이런 생각이 들던걸. '제길, 의사들이 틀림없이 내 옷을 망쳐놨겠구나.' 오늘따라 내가 좀 멋들어지게 차려입었거든."

나는 웃음을 터뜨렸다. 그의 농담이 재미있어서라기보다는 농담을 하는 그가 너무도 반가워서였다. 하지만 나는 좀 더 진지한 대답이 듣고 싶었다.

"선생님, 쓰러지셨을 때 아무런 후회도 들지 않으셨어요? 그냥 캠퍼스 잔디밭에서 생을 마칠 수도 있었는데 말이에요."

"어젯밤 레스토랑에서 엄청 비싼 와인이라도 주문할걸, 뭐 그런 후회 말인가?"

"아니, 뭐 그런 거 있잖아요. '되돌아갈 수만 있다면 한 60가지는 다르게 행동했을 텐데'라든가 '살아난다면 이런 것들은 완전히 바꿔서 살아봐야지' 하는 것들 말이에요."

하워드는 몇 분쯤 생각에 잠기는가 싶더니, 내 눈을 똑바로 쳐다보며 천천히 고개를 저었다.

"그럼 후회되는 게 하나도 없다는 말씀이세요?"

그러자 그는 이렇게 말했다.

"이봐, 에릭. 후회란 건 인생이 기대에 어긋나거나 열심히 시도해 보지 못한 꿈이 남아 있을 때만 하는 거야. 헌데 난 내 뜻대로 삶을 살았고, 바라던 것보다 많은 일들을 이뤘잖아. 안 그래?"

"그럼 선생님은 행복하고 만족한 상태로 떠나실 수 있단 말씀이세요?"

"글쎄, 잠깐 쓰러져보니 죽는 게 썩 행복한 일은 아니더군. 그래도 내가 살아온 삶에는 그럭저럭 만족해. 내가 했던 일이나 하지 못한 일 중에서 특별히 후회되는 일은 없어."

병실에서의 만남은 그다지 길지 않았다. 그날 나는 병원을 나와 곧장 집으로 가지 않고 다시 하버드 캠퍼스로 돌아가 몇 시간을 혼자 어슬렁거리며 생각에 잠겼다. 하워드가 저승 문턱까지 갔다가 다시 살아 돌아온 것에 안도하고, 또 그가 후회 없는 삶을 살았다는 사실에 감사했지만, 시간이 갈수록 무언가 나를 점점 초조하게 만들고 있었다.

밤이 깊어서야 나는 그 초조함의 원인이 무엇인지 깨달았다. 그날 하루 생사의 기로를 오간 것은 분명 하워드였지만, 정작 삶에 대해 엄청난 후회를 하고 있는 사람은 바로 나 자신이었음을.

* 🕴 *

지난 3년 동안 하워드와 나는 그의 사무실이나 집에서, 또는 하버드 캠퍼스를 거닐며 거의 매일같이 대화를 나눴다. 우리는 음악, 책, 여행, 정치, 경제, 가족, 철학, 경영 전략, 직무 능력에 대해 이야기했고, 성공을 추구하는 방법과 실패에서 회복하는 방법에 대해서도 함게 토론했다. 목표를 어떻게 세우고 또 어떻게 이루어 나가야만 개인의 삶을 바꿀 수 있는지에 대해서도 이야기했다. 그 모든 대화를 한마디로 요약한다면 이렇게 말할 수 있을 것이다.

"만족스러운 삶과 '필생의 일'을 어떻게 설계해 나갈 것인가?"

'필생의 일'이란 하워드가 입버릇처럼 사용하는 표현이다. 그가 말하는 필생의 일이란, 매일 아침 눈을 뜰 때마다 삶에서 무언가를 이루고 싶어 하는 사람들, 즉 당신과 나, 우리 주변의 모든 사람들을 겨냥한 말이었다.

"한 사람의 필생의 일을 살펴보면 그가 어떤 사람인지 총체적으로 알 수 있지."

한 개인의 모습은 일과 사랑, 희망과 욕구가 씨줄과 날줄로 얽혀 있다. 하워드는 기회가 주어질 때마다 필생의 일을 설계하는 데 필요한 다양한 생각과 현명한 조언들을 제시해 왔다.

그동안 나는 하버드에서 똑똑하고 훌륭한 사람들을 무수히 만나 왔다. 하지만 하워드는 그들과 달랐다. 그는 단지 똑똑하기만 한 게 아니라 현명했다. 내가 지금까지 만난 사람들 가운데 하워드 같은 사람은 없었다.

늦은 밤 하버드 캠퍼스를 배회하다가 다시 차에 올라 집으로 향할 즈음, 내 마음속에는 후회와 동시에 또 다른 무언가가 생겨나고 있었다. 어쩌면 하워드가 소생했다는 사실을 알게 된 순간부터 잠재의식 속에서 모종의 결심이 싹트고 있었는지도 모른다. 그것은 그동안 하워드가 대수롭지 않게 풀어놓았던 이야기들을 글로 옮겨야겠다는 생각이었다. 그로부터 며칠 뒤, 나는 다시 하워드를 찾아가 우리의 다음 프로젝트가 정해졌다고 선언했다.

"지금 몸에 달고 있는 튜브, 선, 장치들을 다 떼고 검진도 마치고 나면, 선생님과 함께 책 한 권을 쓰고 싶습니다. 정확하게는 선생님이 이야기를 하고 제가 받아 적는 거죠. 그 책이 하워드 스티븐슨의 다음 저서입니다."

그는 묘한 미소를 지었다.

"그동안 제가 선생님께 들었던 이야기들을 다 모을 생각입니다. 지난 몇 년 동안 우리가 나눈 이야기들을 이제 다른 사람들과도 공유하고 싶습니다."

수십 년간 쌓아온 그의 경험과 통찰, 제자들의 일과 삶을 지켜보면서 얻은 교훈을 모두 집대성하겠다는 구상이었다. 하워드는 잠시 생각하더니 이렇게 말했다.

"책을 쓴다는 건 행복한 일이지. 하지만 작업 방식은 약간 달리했으면 해. 자네가 단순히 내 말을 옮겨 적는 건 공평하지 못해. 나도 기꺼이 얘기하겠지만, 자네도 이야기를 해야 할 거야."

그는 꼭 그래야만 하는 몇 가지 이유를 얘기한 뒤 이렇게 마무리 지었다.

"그동안 우리가 대화할 때 사실 나 혼자만 이야기하진 않았지. 나 또한 자네 말을 듣기도 했고 자네한테서 많은 것을 배웠으니까. 지혜란 홀로 존재할 수 없는 법이거든."

나는 그 말에 수긍할 수밖에 없었다. 그는 늘 현재 자신이 가지고 있는 자원들을 뛰어넘을 수 있는 기회를 추구해 왔고, 또 그 방법도 알고 있었다. 그리고 이미 일어났거나 증명된 일을 반복하는 것에는 아주 질색을 했다. 그는 언제나 옛것에서 쓸 만한 알맹이를 취해 더 새롭고, 더 효율적이며 더 흥미로운 것을 만들어내고자 했다. 이번 책에 대해서도 그의 태도는 변함이 없었다.

"알겠습니다. 그렇게 할게요."

"좋았어. 그리고 자네가 정말로 괜찮은 책을 쓴다면 내가 몇 부는 사줄 수도 있네. 가만 보자, 자식이 일곱에다가 손주들은 열 명쯤 되고, 또 책 좋아하는 제자들한테도 나눠줘야 하니까…… 이거 참, 돈이 꽤 들겠는걸?"

우리 두 사람만의 행복한 프로젝트는 그렇게 시작되었다.

지금 걸려 넘어진 그 자리가
당신의 전환점이다

전환점이란 단지 살짝 변화만 주는 그런 차원이 아니야.
지금까지 달려오던 것과는 전혀 다른 쪽으로
완전히 방향을 틀어야 할 지점이지. 그 속에는
우리의 숨은 능력을 이끌어낼 수 있는 엄청난 힘이 들어 있어.

1

Howard's Gift

3월 중순의 금요일 오후, 나는 일과를 마치자마자 하워드를 찾아갔다. 이제 회복기에 접어들었지만 그는 아직 하루의 대부분을 침대 위에서 지내고 있었다.

"일어나시면 가장 먼저 뭘 하고 싶으세요?"

내가 물었다.

"글쎄, 마음 같아선 단골 레스토랑으로 달려가 독한 위스키 한 잔에 기름진 스테이크를 뚝딱 해치우고 싶은데……."

그는 잠시 말을 끊고 나를 멍하니 쳐다보았다.

"그러면 안 되겠지?"

"왜요, 건강만 회복하신다면 얼마든지 괜찮죠. 물론 몸에 좋은 음식은 아니지만요."

그러자 하워드는 껄껄 웃으며 고개를 저었다.

"살면서 이별해야 할 것들 중에는 습관도 들어 있어. 사람이 습관을 못 버리면 결국 습관이 사람을 삼켜버리지. 캠퍼스 잔디 위에 쓰러진 뒤에야 나는 비로소 내가 살면서 이룬 모든 것들이 심장 덕분이었다는 사실을 깨달았네. 그리고 내가 얼마나 심장을 혹사해 왔는지도 알게 됐고. 어쨌든 이제 다시 한 번 기회를 얻었으니 이전과 똑같은 습관대로 살아서는 곤란하지 않을까?"

"그럼 다시 여쭙겠습니다. 일어나시면 가장 먼저 뭘 하고 싶으세요?"

하워드는 창밖을 바라보며 중얼거리듯이 말했다.

"늘 그랬듯이 자네랑 찰스 강변을 걷고 싶군. 그 시간이 제일 그리워."

순간 나는 감격하고 말았다.

"저도 마찬가지입니다. 하루빨리 그렇게 되길 바라고 있어요."

"그나저나 표정이 왜 그래? 마음속에 바윗덩어리라도 들어 있는 사람처럼."

나는 속으로 '또 들켰구나!' 하고 생각했다. 비록 환자복을 입고 있어도 셜록 홈스 같은 그의 관찰력은 여전했다.

"누굴 좀 만나고 왔는데 대화가 약간 울적했을 뿐이에요. 신경 쓰지 마세요."

그러자 하워드는 평상시 버릇처럼 내 손등을 톡톡 두드리며 이렇게 말했다.

"이봐 에릭, 우리 함께 책을 쓰기로 했잖아? 그렇다면 사람에서부터 시작해야 하지 않겠어? 이제부터 우리가 만나는 사람이나 사건들에 대해 가능한 한 많은 이야기를 나눠보자, 이 말이야. 골치 아픈 문제는 골치 아픈 대로, 행복한 이야기는 행복한 대로 남김없이 다 얘기해 버려. 현실에서 마주치는 그 어떤 사소한 문제라도 전부 화제에 올리라고. 내가 침대에서 일어나면 가장 먼저 하고 싶은 일 중엔 '사람을 다시 만나는 것'도 들어 있어."

"사람을 다시 만난다는 건 어떤 의미입니까?"

"……쓰러지기 전에는 사람들과 대화할 때도 알게 모르게 이런 생각을 품고 있었던 것 같아. '오늘 미처 못 나눈 대화는 다음에 만나서 나누면 되겠지.' 그러다 보니 나도 모르게 핵심적인 대화를 미루는 일이 잦았지. 하지만 이제는 그러지 않을 생각이야. 누굴 만나서 어떤 대화를 나누건 매순간 충실하고 책임 있는 대화가 필요해."

나는 하워드의 얼굴을 물끄러미 바라보다가 결국 오늘 있었던 이야기를 풀어놓기 시작했다.

"미셸이라는 대학 후배가 있어요. 아주 창의적이고 성실한 친구죠. 그런데 얼마 전 미셸의 상사가 갑작스럽게 은퇴 발표를 하는 바람에 아주 심란해하고 있어요. 미셸한테는 우상 같은 분이었거든요."

하워드는 침대 등받이를 조금 더 세운 뒤 편안히 기대앉았다.

"그럼 우리 미셸은 어떻게 되는 건데?"

마치 예전부터 그녀를 쭉 알아왔던 것처럼, 하워드의 입에서는 너무도 자연스럽고 다정하게 미셸이란 이름이 흘러나왔다.

"회사에서는 미셸이 속한 부서의 역할을 재검토하고 있답니다. 아마 조직을 재편할 것 같아요."

미셸은 그 회사에서 10년 가까이 일했고, 자신의 업무 능력이 계속 발전할 수 있었던 것은 순전히 상사의 지원과 현명한 조언 덕분이라고 했다.

"그렇게 믿고 의지하던 상사가 직장을 떠나게 되었으니 이제 자기 미래도 불확실하다더군요."

"흠, 그렇군. ……그래, 그렇겠지."

하워드의 얼굴에 호기심이 번지기 시작했다.

"미셸은 정말 결단력 있고 자신감이 넘치는 친구예요. 하지만 이번엔 좀 당혹스러운 모양이더군요. 회사의 검토 과정이 얼마나 걸릴지, 조직을 개편한다면 어느 정도 규모가 될지, 또 본인한테는 어떤 영향이 미칠지, 너무 불안해하고 있어요."

"아무것도 하지 않고 마냥 기다리고만 있단 말인가? 그 매력적인 여성이?"

"예? 매력적인 건 맞는데, 어떻게 아셨어요?"

"자네가 그토록 마음 쓰는 걸 보면 외모든 내면이든 꽤 매력적이겠구나, 한번 넘겨짚어 본 거야."

나는 웃으며 고개를 끄덕였다. 그의 말대로 미셸은 부서가 어떻게 재편될지 가만히 지켜보기로 했다. 조직이 재편된 다음 자신에게 어떤 기회가 주어지는지 파악한 뒤에 행동을 결정하겠다는 것이었다. 사실 미셸은 조직이 재편된 뒤 자신의 역할이나 권한이 대폭 축소될지, 아니면 회사 내에서 다른 부서로 이동하게 될지, 그도 아니면 뜻밖의 승진으로 '거물이 될지' 전혀 알 수가 없다고 했다. 확실한 사실은 이미 회사에 10년을 쏟아부었다는 것, 그리고 지금은 전반적으로 경기가 좋지 않다는 것이었다. 그래서 미셸은 어떤 선택도 하지 않은 채 가장 좋은 방향으로 일이 풀리기를 바라고만 있었다. 그때 갑자기 하워드가 고개를 가로젓더니 못마땅한 듯 중얼거렸다.

"좋은 기회를 낭비하고 있구먼."

"예?"

"미셸의 문제가 뭔지 모르겠나? 눈앞에 떡 차려진 기회를 전혀 알아채지 못한다는 거야."

그는 사람들이 '문제'라고 인식하는 것에서 '기회'를 발견하곤 했는데 이번에도 그랬다. 사실 미셸이 가만히 앉아 상황을 예의주시하겠다고 했을 때 모두가 지지했지만, 하워드의 생각은 달랐다.

"지금 미셸은 누군가 자기 운명을 결정해 주기만 기다리고 있어. 자기 앞에 선물이 주어졌다는 사실도 모르고."

"선물이라니요?"

"전환점이라는 선물."

하워드는 잔기침을 하더니 말을 이어갔다.

"미셸한테는 부서가 없어지고 운영이 중지된 지금이야말로 바로 전환점이야. 그러니 미셸은 마음속으로 자기가 무엇을 원하는지 생각해 보고 그걸 이룰 수 있는 방향으로 상황을 바꿔야 해. 주도적으로!"

나는 하워드의 이야기에 좀 더 집중하려고 간이의자를 쓱 당겨 앉았다.

"전환점이란 뭘까? 그건 단지 살짝 변화만 주는 그런 차원이 아니야. 지금까지 달려오던 것과는 전혀 다른 쪽으로 완전히 방향을 틀어야 할 지점이지."

하워드는 잠시 말을 멈추고는 누군가 머리맡에 올려놓은 싱싱한 사과를 집어들었다. 그러고는 내게 건네주며 반으로 잘라달라는 시늉을 했다. 나는 사과를 반으로 뚝 잘라 하워드에게 한 쪽을 내밀었다. 그는 마치 생전 처음 보는 양 사과 속의 씨를 뚫어지게 들여다보며 말했다.

"정말 신비롭지? 이렇게 작고 보잘것없는 씨앗 속에 사과나무가 될 잠재력이 들어 있잖아. 전환점도 마찬가지야. 그 속에는 우리의 숨은 능력을 이끌어낼 수 있는 엄청난 '잠재적 동기부여 에너지'가 들어 있어. 물론 그것이 전환점이라는 사실을 모르고 지나친다면 아무 소용이 없을 테지. 그러니까 전환점이란 '지금까지와는 전혀 다른 방식으로 생각해 보라'는 일종의 신호인 셈이야. 그것을 적극적으로 활용하는 사람에게는 마법과도 같은 선물이지."

"잠재적 동기부여 에너지요?"

나는 틈만 나면 그가 자기만의 언어, 즉 '하워드 어'를 사용한다며 놀리곤 했었다. '잠재적 동기부여 에너지' 역시 전형적인 하워드 어라고 하자 그는 웃음을 터뜨렸다.

"그럼 이렇게 표현해 보면 어떨까? 잠재적 동기부여 에너지란 '이

전에는 해본 적 없는 행동을 과감히 할 수 있게끔 박차를 가하는 힘'이라고."

"아, 그러니까 쉽게 말해서 '우물쭈물하지 말고 어서 그걸 해!'라며 엉덩이를 걷어찬다 이 말이죠?"

하워드는 고개를 끄덕이더니 문득 적절한 예가 생각났는지 입술을 축이며 말했다.

"1970년에 우주에서 이런 일이 있었어. 아폴로 13호가 지구와 달 중간지점쯤 갔을 때였을 거야. 그런데 그만 산소탱크가 폭발하는 바람에 동력을 거의 상실하고 말았지. 속도를 줄여야 할 판이었는데 그러면 또 연료가 부족해져서 지구로 되돌아올 수 없는 상황이었어. 자, 그래서 우주비행사들이 어떤 결정을 내렸을까?"

"글쎄요, 그때 저는 아직 코흘리개였거든요."

"달의 인력을 이용하기로 했지. 우선 달을 한 바퀴 돌고, 중력이 주는 가속도에다 엔진을 한 차례 강하게 가동시킨 힘까지 더한 거야. 말하자면 새총을 쏘듯이 착륙선을 날려서 지구로 되돌아온 셈이지. 전문가들은 이것을 '자유 귀환 궤도'라고 해. 결국 아폴로 13호는 '달의 궤도를 전환점으로 삼아 우주선의 이동 경로를 바꿔주었기 때문에' 귀환할 수 있었던 거야."

나는 그제야 영화 「아폴로 13」이 생각났다. 그것은 우주개발 역사상 '가장 성공적인 실패'로 불리는 실화였다.

"맞아요. 영화에서 까딱 잘못하면 우주 속으로 영영 사라져버릴 수 있는 상황이라 굉장히 조마조마했었죠."

그러자 하워드가 미소를 지었다.

"다행히 우리는 우주가 아니라 지구 위에서 안전하게 전환점을 맞지. 하지만 그렇기 때문에 오히려 전환점이라는 굉장한 기회를 너무 쉽게 간과하거나 어처구니없이 놓쳐버리곤 한단 말이야."

그는 잠시 생각을 정리하려는 듯 사과를 한입 물었다. 나도 덩달아 사과를 씹기 시작했다. 한동안 병실에는 스승과 제자가 열심히 사과를 씹는 소리만 사각사각 들렸다.

"선생님은 뭐든지 열심이시군요."

하워드는 웃음을 빵 터뜨렸다. 냅킨으로 입을 닦은 뒤 그는 다시 본론으로 돌아왔다.

"누구나 멋진 계획이 있었고 꿈이 있었을 거야. 그런데 나이가 들어가면서 어느 날 문득 거울을 보다가 깜짝 놀라곤 하지. '내가 왜 이렇게 엉뚱한 삶을 살고 있지? 그 모든 계획이며 꿈은 다 어디로 갔을까?' 하면서 말이야. 가긴 어딜 가? 꿈이나 계획은 여전히 출발점 부근에 그대로 있을 뿐인걸. 정작 엉뚱한 길로 접어든 건 자기 자신이야."

"전환점을 그대로 지나쳤기 때문인가요?"

"그런 셈이지. 물론 인생이란 누구에게나 처음이기 때문에 한 번도 안 가본 길을 가는 것과 같아. 그럼 어떻게 해야 원하는 목적지까지 갈 수 있을까? 다행히 세상은 구석구석에 전환점이라는 의미 있는 지표들을 숨겨놨어. 다만 사람들이 그걸 못 보고 지나쳐서 문제지. 심지어 자신이 전환점에 서 있었다는 사실조차 알아채지 못해.

설령 알아챘다 하더라도 건설적인 고민 없이 단순하게 반응할 뿐이고. 이게 다 전환점을 단지 '우연히 일어난 일'로만 여기기 때문이야. 그러니 자기 인생인데도 마치 구경꾼처럼 행동할 수밖에."

"하지만 전환점이라는 걸 알아챈다는 게 어디 그렇게 쉬운 일인가요?"

나는 지금까지 내가 선택해 왔던 수많은 직업들을 떠올렸다. 그 직업들은 서로 연관성이 거의 없었기 때문에 대부분 완전히 방향을 바꿔서 새롭게 시작해야만 했다. 하지만 그때 과연 내가 그 변화의 순간들을 전환점으로 인식했었는지는 의문이다.

"그건 우리들 대부분이 관성에 의해서 살아가기 때문이겠지. 성공이라는 목표점을 정해 놓은 다음부터는 무조건 달려가기만 하잖아. '내가 이 길을 계속 가고 싶어 하는가?'라는 질문조차 없이 그저 지금 가는 길만이 내가 가야 할 유일한 길이라고 생각하면서 말이야. 열심히 걸어가지만 결국은 방랑자일 뿐이지. 여행자와 방랑자의 차이를 알겠나? 여행자는 스스로 길을 걷지만 방랑자는 길이 대신 걸어준다네."

하워드는 갑자기 말을 끊고 생각에 잠겼다. 그는 활기차게 대화하다가도 이렇게 침묵하는 습관이 있었다. 그것은 자기가 한 말을 스스로 점검하는 시간이기도 했다.

"선생님, 전환점 이야기 말입니다. 혹시 경험에서 나온 건가요?"

하워드는 '이런 짓궂은 녀석을 봤나' 하는 표정을 지었다. 그리고 잠시 과거를 회상하는 듯 시선을 허공에 두고는 이렇게 말했다.

"그래, 좋은 경험도 있었고 나쁜 경험도 있었지. 내 경우에는 첫 아내와의 이혼이 가장 중요한 전환점이었던 것 같아."

이혼 이야기가 나오는 순간 아차 싶었다. 하지만 하워드의 표정은 잔잔했다.

"이혼이란 단지 한 사람과 헤어지는 게 아니라 삶의 한 시기와 작별하는 거야. 그래서 굉장히 고통스러웠지. 하지만 몇 년 지나 곰곰이 생각해 보니 그 고통스러운 시기가 바로 전환점이었어. 그 전환점이 있었기에 나는 비로소 '정말로 어떤 삶을 살고 싶은가?'라는 질문을 할 수 있었지."

나는 하워드의 상념이 잠시 과거를 맴돌 수 있도록 얌전히 침묵을 지켰다. 곧이어 하워드는 다시 미셸 이야기로 돌아왔다.

"미셸이 곁에 있다면 이렇게 말해 주고 싶군. 수십 년간 기업을 관찰해 왔지만, 조직은 현재 상황을 바꿔야 할 필요성을 느끼지 않는 한 부서 전체를 재편하는 경우는 거의 없다고 말이야. 미셸은 지금 전환점에 서 있어. 좋든 싫든 미셸의 미래는 지금껏 생각해 왔던 것과는 다른 모습일 거야. 다만 앞으로 벌어지는 일에 아무런 대처를 하지 않거나 그저 단순하게만 반응한다면 많은 걸 잃을 수도 있어."

하워드는 '미래를 추측만 하는 것'은 '스스로 만들어가는 것'에 비해 아주 형편없는 행동이라고 덧붙였다. 만일 미셸이 계속해서 수동적인 자세만 취한다면 눈앞에 놓인 가능성과 도전의 기회를 놓치고 말 거라는 얘기였다.

"전환점은 '기회의 덩어리'이긴 하지만 오래 기다려주진 않아. 폭

주기관차처럼 돌진해 왔다가 번개처럼 멀어지지. 기관차를 놓치지 않으려면 그것이 전환점이라는 사실을 직시하고 재빨리 올라타야 해."

"그럼 이제 미셸은 인생 시나리오를 새로 짜야겠네요."

"빙고."

하워드가 장난스러운 표정을 지으며 대답했다.

"무엇보다 전환점을 인식하는 게 그 첫 단계야. 미셸을 보거들랑 앞으로 일어날 수 있는 수많은 상황들을 생각해 보고, 그중에서 가장 원하는 것을 선택하라고 말해 주게."

"예, 꼭 그럴게요."

이제는 하워드와 미셸이 마치 할아버지와 손녀처럼 가까운 사이로 느껴졌다. 그때 간호사가 들어와 하워드의 체온을 잰 뒤 "이제 좀 쉬세요"라고 말했다.

"에릭, 내가 얼마나 여기서 나가고 싶어 하는지 이제 알겠지?"

하워드가 익살스럽게 말했다.

"물론이죠. 하지만 완쾌되실 때까지는 절대 안 됩니다."

나는 아직 대화가 덜 끝났다며 아쉬워하는 하워드에게 작별 인사를 하고 병실을 나왔다.

* * *

나는 가급적 빨리 미셸을 만나 하워드와 나눈 이야기를 해줄 생각이었다. 하지만 서로 시간이 맞지 않은 탓에 약속 날짜는 거의 보름 뒤로 미뤄졌다. 그 사이 나는 출장을 두 차례나 다녀와야 해서 하워드를 만날 시간마저 없었다.

보스턴을 떠나 있는 동안 안부 삼아 하워드에게 전화를 걸었다. 그런데 그는 전화를 받자마자 마치 방금 전에 하던 이야기를 마저 해야겠다는 듯이 미셸 이야기부터 꺼냈다. 가벼운 마음으로 전화를 걸었던 나는 결국 호텔 소파에 푹 기대앉아 본격적인 대화를 시작하게 되었다.

"미셸은 회사의 결정을 기다리는 대신에 부서를 재편하는 과정과 앞으로 맡게 될 역할에 대해 자기 목소리를 내야 해. 이를테면 회사와 자신의 경력 모두에 도움이 되는 아이디어를 제안한다든가 하면서 적극적으로 대화에 참여해야겠지. 적어도 결정권을 가진 사람에게 자신의 강점이 무엇이고, 자신이 원하는 경력 개발의 방향은 무엇이며, 또 이것이 재편된 조직에 어떻게 부합할지 확실히 알려줘야 해."

하워드가 말했다.

나는 행여 회사에서 미셸을 마치 출세의 사다리에 오르기 위해 아등바등하는 '출세 지향적인 젊은이'로 여기거나, 그녀의 행동을 도가 지나치다고 생각하진 않을까 염려됐다. 내 마음을 읽은 듯 하워드는 이렇게 말했다.

"적극적인 행동에는 늘 위험부담이 따른다는 걸 인정해야지. 미셸의 제안이 전부 옳아야 할 필요는 없어. 이건 옳고 그른 차원이 아니라 미셸이 자기 목소리를 내느냐 마느냐의 문제야. 물론 충분히 심사숙고할 필요는 있지. 단, 미셸의 제안은 승진이나 연봉 인상 같은 개인적인 의도가 숨겨져 있지 않은 '객관적인 의견'이어야 해. 이건 어디까지나 회사의 합리적인 선택을 위한 제안이니까."

"만약 회사에서 미셸한테 '고맙지만 자네 의견에는 그다지 관심이 없네'라고 하면요?"

"그것도 큰 수확이지. 회사와 미셸 본인의 관계에 대한 많은 정보를 얻게 되는 셈이니까. 만일 회사에서 그렇게 말한다면 그건 미셸이 생각보다 회사에 대해 잘 모르고 있거나, 아니면 회사에서 미셸을 생각만큼 높이 평가하지 않는다는 뜻이겠지. 둘 중 어떤 경우라도 미셸은 중요한 정보들을 얻게 되는 셈이야."

타당한 얘기였다. 회사의 반응이 긍정적이냐 부정적이냐 하는 문제는 지금 당장 크게 상관할 바가 아니었다. 중요한 것은 회사의 반응으로부터 새로운 정보를 얻는 것이다. 그것은 아무런 정보 없이 소극적인 자세로 기다리는 것보다 훨씬 낫다. 새로 얻은 정보는 결국 미셸의 시야를 넓혀줄 것이다.

"전환점을 인식할 수만 있다면 앞으로 변화의 파도가 어느 방향에서 부서질지도 추측할 수 있게 될 거야. 그러니 과감하게 뛰어들라고 하게. 벌떡 일어나 행동하라고 말이야. 행동하지 않으면 무조건 지는 거야. 기회라는 소중한 선물을 덥석 끌어안아야만 해."

갑자기 막막해졌다. 지금까지 하워드와 나눈 이야기를 미셸에게 어떻게 설명해야 할지 난감해진 것이다. 내가 머뭇거리자 하워드는 마치 최전방 사령관처럼 소리쳤다.

"그냥 얘기해!"

"선생님, 진정하세요. 저 때문에 제대로 쉬지도 못하시는 것 같아 염려됩니다."

"난 괜찮아. 이제나저제나 퇴원할 날만 손꼽아 기다리고 있지."

나는 전화를 끊고 탁자 앞에 앉아 방금 나눴던 이야기들을 간략하게 메모했다. 그러다 문득 지금 하워드의 주된 관심이 미셸이라는, 얼굴도 모르는 한 여자의 전환점에 가 있다는 사실이 새삼 신기하게 느껴졌다. 날마다 수백 명의 제자들 앞에서 몇 시간씩 강의를 하던 양반이 하루 종일 병실에 갇혀 있어야 하니 얼마나 답답할까, 그러니 이렇게 전화로라도 에너지를 쏟아야 했을 것이다.

며칠 뒤 출장지에서 돌아오자마자 나는 하워드에게 전화를 걸어 안부부터 물었다. 그는 수화기 저편에서 큰 소리로 껄껄 웃으며 이렇게 말했다.

"에릭, 이제 하루 한 시간씩 산책을 할 수 있어. 물론 지팡이에게 신세 좀 져야 하지만."

나는 속으로 지팡이를 짚고 서 있는 하워드의 모습을 그려보았다. 영락없는 요다의 모습이 떠올랐다.

"자네가 무슨 생각을 하는지 알지. 그래, 지금 나도 거울에 비친 요다를 보고 있네."

우리는 폭소를 터뜨렸다. 나는 하워드의 일과가 끝날 때를 맞춰 병원으로 찾아가기로 약속한 다음 미셸에게 전화를 걸었다. 하워드를 만나기 전에 먼저 그녀와 이야기를 나눌 생각이었다.

　　　　　　　　＊ ▲ ＊

　4월의 하버드 캠퍼스는 아직 바람이 쌀쌀했다. 겨울에서 봄으로 넘어가는 어중간한 계절답게 경치는 봄이었지만 바람은 여전히 겨울에 머물러 있었다. 나는 대학원생 시절부터 하워드와 함께 찰스 강변을 따라 걸으며 '산책 토크'를 즐겨왔다. 그 시간은 우리에게 지적 힐링 타임이자 일상으로부터의 탈출구와도 같았다. 하지만 오늘은 하워드 대신 미셸과 그 길을 걷고 있다.

　"에릭, 오늘 이야기 정말 고마웠어요. 솔직히 지금 내가 처한 상황이 전환점이라는 사실을 알게 된 것만으로도 힘이 돼요."

　미셸이 말했다.

　"나도 그래. 전환점이란 건 잠시 멈춰 서서 자신을 되돌아보며 스스로에게 '이 길을 계속 가고 싶은가, 아니면 방향을 바꿔야 할 때인가?'라고 물을 수 있는 절호의 기회인 것 같아."

　사실 처음 하워드의 병실에서 전환점에 관한 대화를 나눈 뒤로 나에게는 새로운 습관이 생겨나고 있었다. 과거에 내가 만났던 사람들의 이야기, 그리고 내가 직접 경험한 일들을 다시 떠올리며 그것을 전환점 차원에서 재해석해 보곤 하는 것이다. 그리고 대부분의 전환점들이 크게 세 가지 유형으로 다가온다는 사실을 발견했다. 나는 그것을 각각 우호적 전환점, 적대적 전환점, 중립적 전환점이라 부르기로 했다.

"우호적 전환점은 말 그대로 고맙고 반가운 상황이겠지. 이를테면 원치 않는 일이나 경력에 별 도움도 안 되는 일을 계속해 나가고 있을 때, '이봐, 이제 더 이상 그럴 필요가 없어!'라고 깨우쳐주는 사건들 말이야."

미셸은 잠자코 듣기만 했다. 내 이야기와 자신의 상황을 대입해 보고 있는 눈치였다. 잠시 후 그녀가 입을 열었다.

"혹은 지금 하고 있는 일에서 새로운 가능성을 발견하거나, 자기 안에 있는 잠재력을 확신하게 해주는 경험들도 해당되지 않을까요?"

"맞아, 한마디로 우호적 전환점은 새로운 가능성을 깨닫게 해주는 행운의 기회야. 그러니 떠나가기 전에 얼른 가서 붙잡아야지."

"그럼 적대적 전환점은 완전히 반대겠네요?"

"적어도 처음엔 그다지 달갑지 않겠지. 왜냐하면 적대적 전환점들은 대부분 느닷없이 나타나서 우리가 미처 준비하지 못한 상태에서 허를 찌르니까 말이야."

"예를 들면 합격할 거라 철석같이 믿었던 대학원 과정에서 떨어지거나, 아니면 회사에서 조직 개편을 하는 바람에 자기 부서가 하루아침에 사라졌을 때처럼?"

미셸은 자신의 경험을 대입해 보며 약간 우울한 표정으로 말했다. 그녀의 말처럼 적대적 전환점은 마치 고속도로를 신나게 달리다 별안간 차 옆을 들이받히는 것과 같을 것이다. 문제는 이런 경험들이 우리에게 충격을 주고, 다음엔 삶에 대한 불안과 의구심을 불러일으킨다는 것이다. 그래서 우리는 점점 소극적이고 방어적인 자세를 취하게 되는 게 아닐까?

"대부분의 경우 적대적 전환점을 만나면 적극적이고 긍정적인 자세보다는 두려움이나 좌절, 혼란에 빠진 상태로 대응하게 돼. 하지만 미셸, 아무리 적대적인 전환점이라도 우리가 어떻게 해석하느냐에 따라 얼마든지 우호적 전환점으로 돌려놓을 수 있을 거야."

미셸은 고개를 끄덕이며 동감을 표시했다.

"그럼 중립적 전환점은 뭐예요?"

"그게 좀 애매해. 우호적 전환점이나 적대적 전환점들은 일반적으로 외부 상황이나 사건의 형태로 찾아오지만, 중립적 전환점은 우리의 내면에서 시작되는 것 같거든. 그래서 감지하기 어려운 편이고 또 그게 전환점인지조차 알아채지 못한 채 그냥 흘려보낼 수도 있어."

중립적 전환점은 지금 하고 있는 일이 지겨워지거나 현재의 삶이 불안해질 때 나타난다. 그동안 차곡차곡 쌓여온 막연한 불만들이 마침내 자기 목소리를 내는 것이다. 가령 '취미를 직업으로 삼으면 어떨까?', '나의 잠재력과 역량을 발휘할 수 있는 새로운 기회는 없을까?'와 같은 질문들이 바로 그것이다. 한마디로 중립적 전환점은 우리의 내면에서 어떤 변화가 싹트고 있다는 사실을 감지할 때 찾아온다.

"사실 어떤 전환점이냐 하는 문제보다 중요한 게 있어."

미셸은 고개를 돌려 내 눈을 똑바로 쳐다보았다. 나는 하워드가 했던 말을 내 방식으로 정리해서 그녀에게 들려주었다.

"전환점의 형태와 상관없이 우리가 능동적으로 대응하지 않아서 놓친 기회들이 굉장히 많다는 사실이지. 전환점이 주는 메시지는 단 하나, '바꿔라!'인 것 같아."

이로써 나는 미셸에게 할 말을 모두 마친 셈이었다. 그녀는 뭔가 단호한 결심을 한 듯한 표정이었다.

"이제 헤어질 시간이군."

나는 시계를 보며 말했다. 조금이라도 하워드를 기다리게 하고 싶지 않았다.

"고마워요, 에릭. 그리고 하워드 교수님께도 꼭 전해 드리세요. 제가 얼마나 감사해하는지."

미셸과 헤어진 뒤 나는 서둘러 발길을 돌렸다.

병원을 향해 100미터 달리기를 하려던 순간, 나는 갑자기 걸음을 뚝 멈추고 말았다. 찰스 강변이 한눈에 보이는 캠퍼스 벤치 곁에서 낯익은 모습이 보였기 때문이다. 두꺼운 겨울코트를 걸치고 지팡이를 짚은 채 천천히 걷고 있는, 그는 바로 하워드였다. 나는 쏜살같이 그리로 달려갔다.

"선생님, 웬일이세요? 어떻게 여기까지 나오셨어요?"

"말했잖아, 하루에 한 시간은 산책할 수 있게 됐다고. 그런데 여기서 자넬 만날 줄은 몰랐지. 물론 기대는 좀 했지만."

"걷는 덴 지장 없으시고요?"

"괜찮아. 아무튼 이렇게 만났으니 병원까지 천천히 걸어볼까?"

그렇게 해서 우리의 산책 토크가 다시 시작된 셈이었다. 나는 미셸과 나눴던 이야기를 고스란히 하워드에게 전하며 전환점에 관한 길었던 대화를 마무리했다.

"그런데 선생님, 저는 이번에 선생님께서 미셸의 상황에 유독 집중하시는 것 같다는 느낌이 들었어요. 물론 예전에도 늘 현실적이고 실질적인 조언을 중요하게 여기셨지만, 이번엔 좀 더 특별하게 느껴지는데요."

그러자 하워드는 잔디밭 쪽으로 눈길을 돌렸다. 다람쥐가 지난가을 땅에 묻어놓은 도토리를 열심히 파내고 있었다. 그는 다람쥐를 물끄러미 바라보며 말했다.

"타인을 생각하는 자세가 좀 바뀌었다고나 할까? 심장마비로 쓰러졌을 때 필사적으로 심폐소생술을 해준 사람, 그리고 재빨리 제세동기를 가져온 사람 덕분에 나는 지금 이렇게 걷고 이야기할 수 있는 거잖아. 그 사건이 내겐 엄청난 전환점이었던 거야."

"어떤 전환점인가요?"

"사람은 누구에게나 은인이 될 수 있다는 인식의 전환이겠지. 우리는 평소에 '나'와 '남'을 구분해서 살아가고 있지만, 사실 보이지 않는 끈으로 연결되어 있어. 그러다가 '도움'이라는 신호가 켜지는 순간, 보이지 않던 끈이 비로소 모습을 드러내지. 자네가 미셸 이야기를 꺼냈을 때 나는 그것을 일종의 신호로 받아들였어. 그때부터 미셸은 더 이상 내게 남이 아닌 존재가 된 거야. 상상해 봐, 온 세상이 이런 식으로 연결된다면 훨씬 살 만한 곳이 되지 않을까?"

그의 말은 전환점이라는 주제에 완벽한 마침표를 찍었다.

그로부터 일주일 뒤 하워드는 퇴원했고, 이튿날 다시 강의실로 복귀했다. 그리고 심장마비로 쓰러지기 전보다 훨씬 열정적인 모습으로 강의를 해나갔다.

멈추고,
인생의 마지막 장면에서
다시 시작하라

만일 우리가 두 번 살 수 있다면, 한번 맞춰본 퍼즐 조각을 다시 맞출 때처럼
어떤 갈등이나 망설임도 없이 손쉽게 선택해 가며 살 수 있을 거야.
정말 멋지지 않나? '인생의 마지막 장면에서 시작하기'는
그와 비슷한 효력을 지니고 있어. 끝을 알고 있는 자는
지금 어떻게 해야 할지도 알 수 있을 테니까.

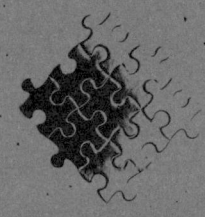

"언제나 나는 근사한 누군가가 되기를 바랐지만,
문제는 그 바람이 좀 더 구체적이어야 했다는 점이다."

릴리 톰린

Howard's Gift

　5월의 어느 초저녁, 하워드는 나를 위해 손수 샌드위치를 만들고 있었다. 불과 석 달 전만 해도 상상하기 힘든 풍경이었다. 그가 완전히 건강을 되찾았다는 사실이 새삼 놀랍고도 한없이 감사했다. 마침내 샌드위치가 식탁 위에 놓이자마자 나는 냉큼 집어들고 허겁지겁 먹기 시작했다.
　"내가 만든 샌드위치를 그렇게 맛있게 먹다니, 며칠 굶은 게 틀림없군."
　하워드가 시원한 맥주를 건네주며 말했다.
　"사실은 점심을 걸렀어요. 오랜만에 친구를 만났는데 도무지 밥 먹을 분위기가 아니었거든요."
　"흠, 어째서?"
　하워드는 눈을 깜빡이며 맞은편 의자에 걸터앉았다.

"조지라고 십년지기 친구가 있어요. 영락없는 바른생활맨이죠. 오로지 일밖에 모르는 친군데, 오늘 보니까 꼭 폭발 직전의 과열된 보일러 같더군요."

"일단 샌드위치부터 다 먹고 천천히 얘기하게."

하워드는 커피를 한 잔 따르더니 의자에 편히 기대앉았다.

조지는 나의 옛 직장 동료였다. 마침 보스턴에 들렀다며 점심을 같이하기로 했는데, 막상 만나고 보니 그는 왠지 불안한 기색이었다. 나는 한눈에 그가 식욕이 전혀 없다는 사실을 알아챘다.

"좀 걸을까?"

우리는 점심식사 대신 보스턴의 옛 시가지를 걸으며 이야기를 나눴다.

내가 아는 조지는 탐욕스러운 사람도, 물질만능주의자도 아니었다. 오히려 그의 라이프스타일은 아주 편안하고 소박했다. 하지만 결손가정에서 늘 가난하게 자란 탓에 돈을 벌겠다는 집념이 꽤 강한 편이었다. 그는 자신과 아내와 아이들을 위해 소위 '경제적으로 절대적인 안전 상태'에 도달하고자 했다.

"적어도 내 가족만큼은 나처럼 살게 하지 않겠어."

그는 의식주 같은 문제로 식구들이 걱정하는 일은 절대 없어야 한다고 생각했다. 이처럼 가족의 행복에 모든 것을 바치긴 했지만, 내가 조지를 존경하는 진짜 이유는 자신의 역할을 가정에만 국한시키지 않았다는 점이다. 그는 자신이 고용한 사람들에게도 강한 책임감을 느꼈으며, 그들 모두가 경제적으로 안전한 삶을 살 수 있게끔 엄청난 노력을 기울였다.

직장생활 초기에 조지와 나는 어느 호텔 관리회사에서 함께 근무했다. 몇 년 후 업계의 경험과 지식을 모두 습득한 조지는 자기 사업을 위해 회사를 떠났다. 보다 효율적인 온라인 호텔 예약시스템을 제공하는 일이었는데 당시만 해도 아직 검증되지 않은 위험한 사업이었다. 하지만 조지는 대담하게도 저축을 탈탈 털고 대출까지 받아 사업에 몽땅 투자했다. 나를 비롯해 주변의 모든 친구들이 걱정했지만, 조지는 그런 우려를 말끔히 씻어내며 승승장구했다. 그리고 작년엔 자신이 세운 회사를 어느 서비스 산업 대기업에 성공적으로 매각하기까지 했다. 그 거래로 조지는 은행에 천만 달러를 예치할 만큼 부자가 되었다. '가족을 위한 평생의 경제적 안전' 목표를 이미 달성한 것이다.

"젊은 나이에 대단하군."

하워드가 혼잣말처럼 중얼거렸다. 하지만 그의 표정에는 염려가 섞여 있었다.

"회사를 매각한 뒤에도 조지는 일 년 동안 그 회사에서 근무해야 한다는 계약에 묶여 있었어요."

그 기간 동안 조지는 회사를 매각하기 전에 했던 일과 거의 똑같은 일을 해야 했다. 직업적인 면에서 그의 생활은 거의 변화가 없던 것이다. 언제나 그랬듯이 회사는 경기 침체를 잘 극복했고, 매출액은 증가했으며, 인수회사의 새 경영진은 회사 운영에 거의 간섭하지 않았다. 그러나 조지의 삶은 전과 같지 않았다.

"시간이 갈수록 일에 대한 만족감이 점점 사라지더군. 솔직히 지금은 정말 억지로 버티고 있어."

조지가 말했다.

"결혼생활은 어때? 아이들은 별일 없지?"

"물론이지. 아내와 애들은 다 잘 지내. 사실은 내가 문제야."

그는 손가락으로 자기 얼굴을 가리키며 고개를 가로저었다.

"문제라니, 어떤?"

"직장에서의 불만을 집에까지 가져가는 바람에 가끔 식구들까지 힘들게 하거든."

"이봐, 조지. 가장치고 안 그런 사람이 얼마나 되겠나?"

나는 적어도 두 가지 측면에서 그런 반응이 정상이라고 넌지시 말했다. 한때 조직의 우두머리였던 사람이 다른 누군가를 위해 똑같은 열정으로 일한다는 것은 결코 쉬운 일이 아니다. 그리고 꿈꾸던 직업적 목표를 예상보다 훨씬 더 일찍 달성하고 나면 활력이 눈에 띄게 줄어버릴 수도 있다.

"맞아. 솔직히 예전 같은 열정이나 동기가 느껴지지 않아. 이제 정말 회사를 떠날 때가 됐다는 얘기지."

자신이 세운 회사를 떠난다는 것이 조지에게 얼마나 힘든 결정이었는지는 나도 알 것 같았다. 가족과도 같은 직원들의 생계를 책임져야 한다는 강력하고 긍정적인 동기부여 요소마저 없어진다는 뜻이었기 때문이다.

"아무튼 과거는 과거고, 이제 앞으로가 더 문제야."

그는 일련의 벤처사업들을 생각해 봤지만 마음에 쏙 드는 것이 없다고 했다. 자문회사에 합류할까도 고려했으나 결국은 포기했고, 이제 로스쿨에 들어가는 대안까지 검토하고 있었다.

"개업 변호사가 되고 싶은 생각은 딱히 없어. 다만 로스쿨에 가면 적어도 몇 년쯤은 명확한 목표와 경로가 보이지 않을까 싶어서."

조지와 나는 그렇게 헤어졌다. 그가 공항으로 떠난 뒤 내 머릿속에는 '하워드를 만나야겠다!'는 생각뿐이었다.

하워드는 말없이 앉아 있었다. 나는 빈 접시를 치우는 대신 두 번째 샌드위치를 가져왔다.

"조지는 지금 뭔가 해보려고 애는 쓰는데, 진척되는 것도 없고 새로운 방향 설정도 하지 못하고 있어요. 정말 활기차고 열심히 노력하는 친구지만 그 에너지를 어느 방향으로 쏟아야 할지 전혀 모르고 있죠. 사실 그 친구는 일 말고는 아무것도 즐기지 않습니다. 골프도 지루해하고, 공연 관람 같은 것도 조금 하다가 말았어요. 아마 몸담고 있던 지역사회단체 위원회 일도 곧 그만둘걸요."

"그게 정말인가?"

하워드가 드디어 입을 뗐다.

"네, 정말 우울한 대화였죠."

하워드는 잠시 생각에 잠겼다가 몇 가지 질문들을 던지기 시작했다. 하지만 질문 하나하나가 요점을 한참 벗어난 것 같아 적잖이 당황스러웠다. 가령 이런 식이었다.

"그 친구, 골프를 즐기는 편인가?"

"골프는 나중에 쳤어요. 직장생활 초기에는 골프보다는 볼링에 푹 빠져서 몇 번이나 저를 볼링장에 끌고 갔죠."

"그럼 조지가 참여하고 있는 지역사회단체는 어떤 곳이지?"

"지역 예술단체하고 미국 폐협회입니다."

"그 친구한테 예술적인 취미가 있나? 아니면 가족 중에 폐질환을 앓고 있는 사람이라도 있나?"

"둘 다 아닙니다."

질문이 자꾸 엉뚱한 데로 흘러가는 것 같아 내가 되물었다.

"도대체 그런 질문들이 그 친구의 앞날과 무슨 관련이 있습니까?"

"관련이 있고말고."

하워드는 벌떡 일어나 서재로 사라졌다. 잠시 후 그는 손주들이 갖고 놀던 장난감 바구니를 들고 나타나더니 커다란 퍼즐 상자를 꺼냈다.

"우리 손녀가 아주 좋아하는 게임이지."

하워드가 말했다.

"그 애는 퍼즐 맞추는 방법을 직관적으로 터득했어. 그림의 바깥 테두리를 먼저 맞추기 시작하고 그 다음 서서히 안쪽으로 맞춰가는 거지. 그림의 나머지 조각들을 어떻게 맞출지 결정하기 위해 기본 틀, 즉 맥락을 먼저 만드는 거야."

"열 살 나이에 아주 전략적인 사고를 하는군요."

그는 싱긋 미소를 지어 보였다.

"아폴로 13호 얘기 기억나나?"

"물론이죠. 달의 중력을 이용해서 집으로 돌아올 수 있었던 우주비행사들 얘기 말이죠?"

나는 샌드위치를 한입 베어문 채 웅얼거렸다.

"아폴로 13호 우주비행사들에게는 모든 것을 좌우하는 단 하나의 목표가 있었어. 지구로 돌아가야 한다는 그 목표가 너무나도 분명해서 다른 대안이나 장소 따위는 아예 검토할 필요조차 없었던 거야. 하지만 우리는 우주공간이 아니라 인생이라는 망망대해에 떠 있잖아. 선택의 폭이 무한대란 얘기지. 그래서 문제가 생기는 거야."

"휴우, 우주공간보다 인생이 더 넓고 복잡하군요."

하워드가 웃으며 상자를 흔들자 퍼즐 조각들이 달그락거렸다.

"우리의 삶과 일에는 이렇게 수많은 퍼즐 조각이 있지 않나? 그런데 완성된 전체 그림이 어떻게 생겼는지 모른다면 퍼즐 조각을 어디에 끼워 맞춰야 할지 어떻게 알 수 있을까?"

"그러니까 조지는 가야 할 방향을 모르고 있다는 말씀이군요. 심지어 어디가 어디인지 알려줄 나침반조차 없어 미칠 지경인 거죠."

"빙고!"

하워드가 빈 접시를 들고 주방으로 들어가며 말했다.

하워드는 한동안 주방에서 나오지 않았다. 나는 충분히 먹기도 했고 조지 이야기도 대충 끝난 것 같아 슬슬 일어설 채비를 했다. 그때 하워드가 커다란 쟁반에 먹음직스러운 복숭아 파이와 우유를 담아 내왔다.

"우리, 서재로 옮길까?"

그는 여전히 조지에 대해 생각하고 있었고, 어떻게든 대화를 훌륭하게 마무리할 셈이었던 것이다. 서재로 옮기자는 건 이 대화가 식탁에서 끝낼 만큼 간단한 수준이 아니라는 의미였다. 하워드는 낡은 소파에 깊숙이 앉아 탁자에 발을 편하게 올려놓았다. 그는 아까부터 퍼즐 조각 하나를 계속 만지작거리고 있었다.

"얼마나 많은 사람들이 저마다 그럴듯한 퍼즐 몇 조각만 가지고 우왕좌왕하는지 몰라. 전체 그림이 어떻게 생겼는지도 모른 채 말이야. 심지어는 그냥 손에 잡히는 퍼즐만 가지고 무작정 시작하는 경우도 있지."

그는 들고 있던 퍼즐 조각을 휙 던졌다. 넓은 방바닥 위에 떨어진 퍼즐 조각은 아무 의미도 없는 허섭스레기처럼 보였다. 하워드는 퍼즐 조각을 가리키며 말했다.

"조각 하나에만 몰두한 채 그것이 더 큰 그림에 어떻게 들어맞을지를 신중하게 고려하지 못한다면 반드시 문제가 생기게 돼."

나는 하워드가 지난 몇 년 동안 소위 성공했다는 사람들을 얼마나 많이 만나왔는지 잘 알고 있었다. 그들은 대부분 조직 내에서 막강한 권한을 갖고 있었고, 최고급 승용차와 멋진 별장을 소유하고 있었다. 하지만 그럼에도 불구하고 그들은 전혀 행복해하지 않았다.

"그들은 자신의 성공이 인생의 보다 복잡하고 장기적인 밑그림에 어떻게 어울리는지를 몰라. 단지 자신이 추구하는 목표만 생각할 뿐이지. 그 목표가 다른 퍼즐 조각들, 그러니까 삶에 있어서 아주 중요한 목적들과 어떻게 어울리는지에 대해서는 전혀 생각해 보지 않았던 거야. 조지도 그런 경우가 아닐까? 그 친구 역시 자신의 모든 계획과 에너지를 퍼즐 조각 하나에만 집중해 왔을 거야."

대화가 다시 조지 이야기로 돌아오자 머리가 또 혼란스러워졌다. 내가 봤을 때 조지는 지금까지 꽤 균형 잡힌 삶을 살아왔다. 그는 분명 열심히 일하면서도 가족과 많은 시간을 보냈고, 규칙적으로 운동을 즐겼을 뿐만 아니라 문화 활동이나 지역사회단체 활동에도 열심히 참여했었다.

"선생님, 조지는 경력이나 가족, 사회 활동에서 누구보다 충실히 다차원적인 삶을 살아왔습니다. 그런데 어째서 삶의 균형이 깨져버린 걸까요?"

"그래, 분명 조지는 균형을 잘 잡아가며 살아왔겠지. 자네 말마따나 '성공적인 3차원의 삶'으로 보였을 거야. 하지만 실상은 '사이비 3차원'인지도 몰라."

"사이비 3차원이요?"

"조지의 모든 노력들이 단지 '경제적 성공'을 위한 전략의 일부였을 뿐이라는 얘기지. 얼핏 보기엔 다면적인 삶처럼 보이지만 사실은 그저 1차원의 연장이었던 셈이야. 내 생각이 틀리지 않다면 조지는 정말 좋아서 골프를 친 적이 없었을 거야. 정장을 입고 음악회에 갔지만 정말로 오케스트라 연주를 듣고 싶어서였을까? 아트센터의 리더 역할을 수락하거나 폐협회에 참여한 것도 정말 그 일을 하고 싶어서였을까? 어쩌면 그 모든 활동들은 말하자면 사업에 도움을 줄 수 있는 사람들과 인맥을 쌓을 수 있는 좋은 기회라서 참여했던 것일지도 몰라."

하워드가 이토록 신랄하게 말하는 경우는 꽤 드문 편이라 나는 약간 움찔했다. 그러자 그가 웃으며 말했다.

"물론 조지가 그 모든 것들을 의도하지는 않았겠지. 하지만 의식적이든 무의식적이든 결과는 마찬가지야."

하워드의 말처럼 조지의 선택이 단지 인맥 때문만은 아니라 하더라도 결과적으로는 사업 관계나 지역사회 참여, 사회적 활동이라는 상호 연결망을 구축해 왔던 게 사실이다. 어찌 됐든 이제는 그렇게 쌓아올린 전체 구조가 거의 무의미하게 되었다. 직업적으로나 심리적으로나 조지는 지금 새로운 출발점에 서게 된 셈이다. 문제는 그가 무엇을 어떻게 시작해야 할지 도무지 실마리를 못 찾고 있다는 사실이다.

"아, 그렇다고 오해하진 말게. 조지는 지금까지 훌륭하게 살아왔어. 나는 그가 삶의 구체적인 목표들을 달성하기 위해 물심양면으로 희생해 왔다는 점을 충분히 이해하고 또 존경해."

나는 약간 미심쩍은 표정으로 하워드를 바라보았다. 그는 계속 설명해 나갔다.

"다만 이제는 목적과 수단을 분명히 구분해야 한다는 얘기야. 조지는 경제적 안정이야말로 삶의 목적이라고 생각했겠지만, 사실 그건 수단일 뿐이지. 내 생각에 그 친구의 진정한 인생 목표는 보다 근본적인 것이 아닐까 싶어."

"경제적인 안정보다 근본적인 것이라면……."

"이를테면 가족을 보호하고 보살피는 것이겠지. 그가 회사를 세우고 부자가 되기 위해 밟아온 모든 단계들은 사실상 가족을 보호하기 위한 전략의 부분적 요소들에 불과해."

그렇다면 조지가 그토록 추구해 왔던 경제적 안정은 가족의 행복을 이루기 위한 퍼즐 한 조각이었던 셈이다. 나는 이제 하워드의 말을 이해할 수 있을 것 같았다.

"그럼 초점을 다시 맞춰야 할 필요가 있겠군요. 그러니까 가족을 보호하는 것이 인생의 가장 중요한 목적이라면 이제 그 의미를 새로운 관점에서 살펴봐야 하지 않을까요?"

하워드는 계속 얘기하라는 듯 고개를 끄덕였다.

"예컨대 가족의 행복을 위해서는 경제적 안정뿐만 아니라 감정적, 지적, 영적, 사회적 측면 같은 여러 가지 요소들이 필요하다는 사실을 깨닫는 것도 중요해 보입니다. 아니, 그 전에 조지 자신에게 자부심과 만족감을 줄 수 있는 일이 무엇인지, 본인이 즐거워하고 또 의미를 찾을 수 있는 일이 무엇인지부터 생각해야겠죠."

"바로 그거야."

하워드는 바닥에 떨어진 퍼즐 조각을 다시 집어들며 말했다.

"조지처럼 능력 있고 늘 최선을 다하는 사람들이 제일 못하는 게 있어."

"그게 뭡니까?"

"잠시 멈추는 것. 쉬지 않고 달리는 일에만 익숙하다 보니 멈추는 법을 모르는 게야. 솔직히 무조건 달리는 건 쉬운 일이지. 정해진 트랙만 도는 경주마를 생각해 보게. 무슨 고민이 있겠나? 그냥 골인 지점만 바라보고 무작정 달려가면 되잖아? 하지만 야생마들은 달라. 가야 할 곳이 어딘지, 피해야 할 곳이 어딘지를 끊임없이 생각하고, 천천히 달려야 할 때와 질주해야 할 때를 매순간 판단해야 돼. 경주마는 달리기 위해 생각을 멈추지만, 야생마는 생각하기 위해 달리기를 멈춘다네. 자유롭고 만족스러운 삶을 살려면 그 정도는 해줘야 하지 않겠나? 조지는 아마 지금 이 순간에도 다음 일을 찾기 위해 자기 자신을 무섭게 몰아붙이고 있겠지. 하지만 일단 멈춰야 해."

"멈춘 다음에는요?"

"생각할 시간을 가져야지."

하워드는 퍼즐 조각 두 개를 들고 서로 맞춰보기 시작했다. 나는 손녀의 장난감을 만지작거리는 노교수의 구부정한 어깨를 물끄러미 보고 있었다. 하워드는 계속해서 다른 조각들을 집어들었지만 퍼즐은 쉽게 맞춰지지 않았다. 그는 퍼즐 맞추기에 몰입한 채 이야기를 계속했다.

"내가 어떤 사람인지, 인생에서 내가 원하는 것이 무엇이며 그것들이 서로 어떻게 연결되어 있는지를 넓고 깊게 생각해 봐야 해."

말이 끝나는 순간 퍼즐 조각이 절묘하게 맞춰졌다. 하워드는 회심의 미소를 지었다. 나는 퍼즐 상자의 겉면에 있는 그림을 가리키며 말했다.

"조지는 저 그림처럼 인생을 에워싼 견고한 틀, 그러니까 지금의 전환점에 효과적으로 대응하기 위한 명확한 밑그림을 그려야 하는 거네요."

"그렇지. 하지만 고정불변의 틀이 되어서는 안 돼. 미래의 삶을 전체적으로 그려보되, 유연하면서도 변화 가능한 구조라야 해."

"그건 왜죠?"

"왜냐하면 모든 것이 늘 변하고 발전하기 때문이야. 마치 체스 게임처럼."

하워드는 팔을 뻗어 소파 뒤편의 선반에 있는 체스 세트를 꺼냈다. 그러고 보니 하워드 주변에는 온통 '강의용 소도구'들로 가득 차 있는 것만 같았다. 그는 체스 말을 이리저리 옮기며 말했다.

"이렇게 말을 옮길 때마다 그 다음 판세가 달라지지? 체스를 잘 두려면 말을 놓기 직전의 판세가 어땠는지, 그리고 수를 두고 난 지금은 판세가 또 어떻게 달라졌는지를 알아야 해. 인생도 마찬가지야."

하워드는 백색 비숍을 손에 쥐고 이리저리 움직이며 이야기를 이어갔다.

"문제는 일과 삶이 계속 변하고 있는데도 전략을 바꾸지 않는 사람들이 많다는 거야. 작년, 혹은 몇 년 전에 결정했던 장기 목표나 희망으로부터 점점 멀어지고 있는데도 자기 관점을 절대 바꾸지 않거든. '내가 작년에 원했던 그것을 오늘도 정말 원하고 있는가?', '5년 전에 이 직업을 택한 이유가 지금도 여전히 유효한가?', '지난번 선택에서 참고했던 의사결정 요소들이 다음번 선택에서도 그대로 쓰일 수 있을까?' 이런 단순한 질문조차 하지 않는단 말이야."

"그 말씀은 '지나간 전환점에는 대응하지 말라'는 뜻으로 해석해도 되겠죠?"

"옳거니."

'지나간 전환점에 대응하지 말라'는 말에 비춰봤을 때 조지의 상황은 오히려 깔끔한 편이었다. 왜냐하면 이전에 그가 어떤 틀을 갖고 있었건 지금은 이미 날아가 버렸으니까.

그렇다면 이제 조지는 어떻게 해야 할까? 나는 가장 중요하고도 실질적인 질문을 꺼냈다.

"선생님, 자신의 미래에 대한 밑그림을 어디서부터 어떻게 그려나가야 할까요?"

내 질문에 하워드는 환하게 웃었다.

"인생의 마지막 장면에서부터 시작해야지."

"그 말씀은 무슨 뜻이죠?"

"말 그대로야. 죽음을 맞이하는 순간에 자네 인생이 어떻게 보였으면 좋겠나? 길었던 인생의 여정 중에서 못마땅한 것도 많고 그럭저럭 만족스러운 것도 있겠지만, 적어도 '그래, 그거 하나만큼은 참 잘한 것 같군!' 이렇게 말할 수 있는 게 뭘까? 거기서부터 시작하는 거야. 조지는 물론 많은 돈을 벌었지만 그의 진짜 유산은 과연 무엇일까? 그는 자기 인생이 어떤 그림이길 원할까? 자신의 장례식에서 사람들이 하는 이야기를 들을 수 있다면 어떤 이야기를 듣고 싶어 할까? 그게 바로 진짜 유산이야."

하워드는 인생의 마지막 순간에 꼭 남기고 싶은 게 뭔지 알고 나면 많은 것이 바뀔 거라고 말했다. 아폴로 13호의 비행사들처럼 반드시 가야 할 최종 목적지를 알게 되는 것과 같다는 얘기였다.

"그렇게 되면 우리는 수많은 목표와 희망을 하나의 그림으로 통합하기 위해 시간을 투자하게 될 거야. 그리고 평생의 밑그림 위에서 최적의 선택을 하려고 노력하겠지."

하워드의 말에 나는 크게 공감했다.

사실 단 하나의 퍼즐에만 몰입하는 것은 쉬운 일이다. 하지만 보다 폭넓은 개인적 유산을 남길 수 있도록 인생의 비전을 세우고 그것을 추구하는 것이야말로 가장 중요한 일이다.

"선생님 말씀은 인생의 마지막 순간에 자신의 삶이 어떤 모습으로 완성될지, 그리고 반드시 남기고 싶은 자기만의 유산이 무엇인지 알아야만 비로소 삶의 틀이 형성된다는 거죠?"

"그렇지. 인간은 두 번 살지 못하잖아. 참, 내 경우는 예외로 해야겠군. 지금 두 번째 삶을 살고 있으니까. 좌우지간 만일 우리가 두 번

살 수 있다면, 한번 맞춰본 퍼즐 조각을 다시 맞출 때처럼 어떤 갈등이나 망설임도 없이 손쉽게 선택해 가며 살 수 있을 거야. 정말 멋지지 않나? '인생의 마지막 장면에서 시작하기'는 그와 비슷한 효력을 지니고 있어. 끝을 알고 있는 자는 지금 어떻게 해야 할지도 알 수 있을 테니까."

하워드는 '인생의 마지막 장면에서 시작하기'란 것이 결국 자기만의 확실한 비전과 장기적 목표를 갖기 위한 이미지 트레이닝과 같다고 말했다.

"무엇을 남길 것인가? 궁극적으로 도달하고 싶은 곳은 어디인가? 그 목적지의 전체 이미지를 그려봐야 해."

하워드는 '무엇을 남길 것인가?'라는 시각에서 전략을 세우는 일은 기업이나 개인 모두에게 해당된다고 말했다. 그런데 개인의 경우, 조직에는 없는 흥미로운 문제가 생겨날 수 있다고 했다.

"기업은 경제적인 욕망이 아주 명확하지만, 인간은 필요와 욕구를 모두 지니고 있거든."

사람들은 의식주를 포함한 여러 가지 '필요'를 충족하기 위해 모든 에너지와 시간을 쏟는다. 그리고 필요를 충족하는 것과 동시에 끝없이 '욕구'를 추구하기도 한다. 하지만 욕구란 결코 충족될 수 없기에 사람은 영원히 만족할 수가 없다. 아폴로 13호 우주비행사들이 우주에서 더 쉽게 행동할 수 있었던 이유를 말할 때 하워드는 이 점을 이미 암시하고 있었던 것이다. 우주비행사들의 모든 필요와 욕구는 오로지 '살아서 지구로 돌아가는 것'에만 집중되어 있었다. 그들은 단순함이라는 호사를 누릴 수 있었지만 우리들 대부분은 그렇지 못하다.

그러고 보면 조지에게 찾아온 전환점은 단지 경제적 차원의 변화만을 암시하지는 않는다. 그것은 보다 근본적인 변화, 즉 그가 초점을 맞춰야 할 일들이 이제 '필요'에서 '욕구'로 변했음을 암시하고 있다. 달리 말하면, 체스판 위에서 비숍이나 퀸이 게임의 본질을 변화시킬 수 있을 만큼 중대한 이동을 했다는 것이다.

"만일 조지가 지금 이 자리에 함께 있다면 이렇게 묻고 싶군. 자넨 도대체 어떤 사람이 되고 싶은가?"

하워드는 '어떤 사람이 되고 싶은가'에 대한 답변이야말로 그 사람의 내면 깊숙한 곳에 간직해 둔 신념을 드러내준다고 말했다.

"상상력을 최대한 발휘해서 자기 자신에게 많은 질문을 해봐야 해. 내 장례식에서 평생 알고 지냈던 사람들이 나를 어떻게 묘사해주길 바라는가? 만일 세상을 떠나기 직전에 카메라로 나의 유산을 촬영하여 스냅 사진으로 만든다면 어떤 사진이기를 바라는가? 이런 식으로 말이야."

내가 만난 사람들 가운데 삶에서 크게 성취감을 느꼈던 이들은 대부분 이 질문에 대해 개인적 차원에서 멋진 답을 내놓았다. 가령 세계적인 호텔의 회장이었던 사람은 "내 묘비에 '그는 이 세상과 친구였다'라고 적혀 있으면 해요"라고 대답했고, 터키의 한 경영인은 "내가 읽기를 가르쳐줘서 다른 인생을 살 수 있었던 소녀들이 나의 가장 소중한 유산입니다"라고 대답했다. 그런가 하면 빌 게이츠는 몇 년 전 하버드 졸업생들 앞에서 이렇게 말했다.

"나는 '개인용 컴퓨터 업계에 혁명을 일으킨 사람'보다는 '아프리카의 질병을 감소시키는 데 작은 역할이나마 했던 사람'으로 먼저 기억되기를 원합니다."

이렇듯 시간을 들여 미래의 삶과 경로에 대한 그림을 그렸던 사람들은 스스로에 대해 폭넓은 3차원적 비전을 갖고 있었다. 그중에서 직업적, 경제적 성공은 단지 하나의 요소에 지나지 않았다.

하워드는 흩어진 퍼즐 조각들을 다시 주워 담으며 오늘의 대화를 하나의 질문으로 마무리했다.

"삶의 마지막 장면에서 나는 과연 어떤 모습으로 완성되고 싶은가?"

위대한 도전자들은 용감한 것이 아니라 단지 용기를 선택했을 뿐이다

성공한 기업가들 중에서 위험을 좋아하는 사람은 거의 없더군.
다만 그들은 위험에 대한 두려움을 극복하고, 위험한 곳을 향해
계속 나아가는 방법을 알고 있지. 마치 아르고 호를 타고 떠난 영웅들처럼 말일세.
그래서 도전하는 사람들의 삶은 기본적으로 영웅의 여정과 같지.

"위험은 자신이 무엇을 하는지 모르는 데서 온다."

워런 버핏

Howard's Gift

그녀의 이름은 루디, 맨해튼의 고급 보석 회사에서 사무보조원으로 일하고 있는 스물다섯 살 여성이다. 내가 발표를 맡은 어느 회의에서 그녀는 회의록을 작성하고 있었다. 휴식시간에 그녀가 나를 찾아왔다.

"나중에 30분쯤 시간을 내주실 수 있는지요? 경력에 대한 이야기를 여쭤보고 싶어서요."

"좋습니다."

며칠 뒤 그녀는 내 사무실을 찾아왔다. 우리는 곧바로 대화를 시작했다. 그런데 그 대화는 마치 인터뷰처럼 그녀의 일방적인 질문으로 진행되었다. 가령 이런 식이었다.

"경력에 대한 전반적인 계획을 어떻게 세우셨나요?"

"직업을 바꾸기로 한 결정을 어떻게 내렸으며, 그것이 '옳은' 결정이었고 그보다 더 좋은 기회는 없다는 것을 어떻게 알았나요?"

"자신이 막다른 길로 가고 있는 것이 아니며, 왔던 길을 되돌아가는 데 시간을 낭비하지 않을 거라 어떻게 확신할 수 있었죠?"

"생각대로 되지 않아 실수를 한 적이 있었나요, 있었다면 그로 인해 경력 발전이 얼마나 늦어졌나요?"

질문은 40분 넘게 이어졌다. 나는 도대체 그녀가 왜 이런 질문을 하는지 궁금했다. 그래서 대화의 초점을 내가 아닌 그녀에게로 옮겨 '현재 자신의 직업을 얼마나 즐기는지, 본인이 가고자 하는 방향은 어디인지'에 대해 묻기 시작했다. 그러자 그녀의 표정은 금세 어두워졌다.

"지금 제가 처한 상황은 거의 실존을 위협하는 악몽이나 다름없어요."

진짜 대화는 그때부터 시작된 셈이다.

루디는 피츠버그의 상위 중산층 가정에서 자랐다. 어머니는 종합병원의 행정 관리자였고 아버지는 기업 변호사였다. 그녀는 진로에 대해 깊이 고민한 끝에 교사가 되기로 결정하고 뉴욕의 한 대학에서 초등교육을 전공했다. 대학 3학년 때까지는 모든 것이 순조로웠다. 하지만 4학년 때 교생 실습으로 처음 교단에 선 그녀는 충격을 받았다. 아이들을 가르치는 일이 결코 만족스럽지 않다는 사실을 깨닫게 된 것이다. 그럼에도 그녀는 4년 동안 배운 것을 최대한 활용하고 싶었고, 오히려 더 많은 노력이 필요한 특수아동 교육이 훨씬 만족스러울 거라는 생각을 하기에 이르렀다. 그래서 그녀는 특수교육 석사 과정에 진학했다. 잘나가는 컨설팅 회사에서 일하던 남자친구는 루디의 결정을 전적으로 지지했고, 둘은 결혼을 약속했다. 2년 후 석사 학위를 취득한 그녀는 약혼자와 식구들의 축하를 받으며 전임 교사로 일하게 될 첫 직업을 설레는 마음으로 맞이했다.

그로부터 다시 2년이 흐른 지금, 내 사무실에 앉아 있는 스물다섯 살의 이 여성은 안타깝게도 너무나 불행하고 혼란스러운 상태에 빠져 있었다.

"저는 특수교사로 1년을 채우지 못했어요. 처음에는 아이들과 일대일로 만나는 시간을 좋아했고, 중요한 일을 하고 있다는 자부심을 느꼈죠. 정말이지 그 일에 많은 에너지를 쏟았고 완전히 진이 빠질 정도였어요. 하지만 한 순간도 긍정적인 에너지를 느끼지는 못했답니다. 학생들이 한 단계씩 발전할 때조차 말이에요. 그렇게 몇 달이 지나자 일요일 밤마다 복통에 시달리게 되고, 마침내 더 이상 그 일을 계속할 수 없다는 것을 깨달았습니다."

결국 루디는 깊이 후회하며 특수교사를 그만두고 말았다. 그녀는 직업에서 실패자가 되었다는 절망감과 공부에 쏟은 6년의 시간이 낭비였다는 깊은 상실감을 느꼈다.

"지금 다니는 직장은 어떻게 구하신 거죠?"

내가 물었다.

"저는 어디로 가야 할지 모른 채 막연히 직장을 구했어요. 친구에게 부탁해서 지금 다니는 보석 회사에 면접을 봤죠. 그러고 보니 이것도 벌써 일 년이나 됐네요."

하지만 그녀는 이중으로 막힌 막다른 길에 들어와 있었다. 그녀는 자신이 고급품 유통 분야의 경력을 원하지 않는다는 것을 잘 알고 있고, 회사 역시 그녀가 능력을 개발하거나 경험을 확장하는 것에 별 관심이 없는 상황이었다. 한마디로 '몸'만 회사를 다니고 있는 셈이었다. 나는 그녀에게 앞으로의 계획을 물었다. 그러자 그녀는 고개를 저으며 이렇게 말했다.

"아무 계획도 없어요."

온기가 느껴지지 않는 그 삭막한 대답에 나는 오싹해지고 말았다. 실제로 그녀는 현재의 상황에만 매달린 채 아무것도 하지 않고 있었다. 나와 함께 이야기를 나눈 것처럼 이미 십여 명과 대화하며 정보와 아이디어를 모았지만 얻은 것은 아무것도 없었다. 모든 정보를 커다란 기계 안에 집어넣고 계속 작동시킬 뿐 아무것도 만들어지지 않는 것과 마찬가지였다. 이렇다 할 계획도 없고, 다음 단계에 구체적으로 무엇을 할 것인지조차 모른 채 그녀는 무의미하게 하루하루를 살아가고 있었다.

"저도 알아요. 제가 얼마나 불확실한 상황에 놓였는지 말예요. 어떡하든 방향을 정해서 움직여야 한다는 것도 알아요. 하지만 두려워요."

그녀는 또다시 실패할까 봐, 시간과 돈을 낭비할까 봐, 부모님을 실망시킬까 봐, 자신의 가능성을 찾지 못할까 봐 두려워했다. 다만 그동안의 실패를 만회하고 완벽해지기 위해서는 어떤 경력이라도 발전시켜야 한다는 스스로의 압력에 떠밀려 원하지 않는 회사에 계속 매달려 있을 뿐이었다.

잠시 후 루디는 시간 내줘서 고맙다며 자리에서 일어섰다. 하지만 나는 그녀와의 대화를 이대로 끝내고 싶지 않았다.

"루디, 다음 주 이 시간에 다시 얘기를 나눌 수 있을까요?"

그녀는 고개를 끄덕이며 사무실을 떠났다.

루디가 돌아가자마자 나는 휴대전화를 집어들고 마치 911에 전화를 거는 심정으로 하워드의 단축번호를 눌렀다.

"예, 스티븐슨입니다."

하워드의 독특한 목소리가 들려왔다.

"선생님, 저 방금 전에 아주 오싹한 대화를 나누었어요!"

"제니퍼와 아이들은 모두 괜찮은가?"

그는 걱정스러운 목소리로 물었다.

"아, 예, 가족들은 별일 없습니다. 실은 어떤 젊은 여자와 일종의 경력 상담을 했어요."

"위험한 직종에 있는 여자인 모양이지?"

"그런 건 아니지만 경력과 관련해서 그녀가 처해 있는 상황이 거의 실존을 위협하는 악몽이나 다름없습니다."

하워드는 잠시 말이 없었다.

"설마 제가 실존이라는 말뜻을 모른다고 생각하시는 건 아니죠?"

그러자 하워드는 껄껄 웃으며 냉큼 달려오라고 말했다.

* ♟ *

몇 시간 뒤 나는 하워드의 서재에 앉아 있었다. 이 방에 들어설 때마다 나는 늘 빙그레 웃게 된다. 30센티미터쯤 되는 요다 인형이 선반 위에서 하워드의 책상을 내려다보고 있기 때문이다. 예전에 출장지에서 내 아들에게 줄 선물을 고르다가 우연히 발견한 인형이었는데, 하워드에게 선물하지 않고는 도저히 견딜 수 없었던 것이다. 요다 인형을 둘러싼 벽에는 대부분 책들이 빽빽이 꽂혀 있다. 이 작은 도서관에는 하워드가 쓴 책도 몇 권 있었다. 나는 그중 두 권을 꺼내며 말했다.

"선생님, 이 책들은 루디에게 무척 도움이 되겠는데요?"

"그래, 하지만 자네가 들려준 이야기를 생각해 보면 지금 그녀의 문제는 정보 부족이 아닌 것 같아."

"맞습니다. 제가 걱정하는 건 그녀가 완전히 마비 상태라는 거예요. 자기가 처한 상황을 싫어하면서도 그 상황을 바꾸었을 때 생길지도 모르는 일을 두려워하고 있죠."

"루디에게 또 어떤 이야기를 해줬나?"

"근본적으로 그녀가 꼼짝 못하게 된 이유는 또다시 실수할 위험에 대한 걱정 때문이지만, 그 이유가 전부는 아니라고 말해 줬습니다."

그러자 하워드는 잠시 생각한 다음 이렇게 말했다.

"루디뿐만 아니라 많은 젊은이들이 그래. 이야기를 해보면 대부분 '내가 원하는 사업을 하고, 그 일의 주인이 되고 싶습니다. 하지만 저는 큰 위험을 감당할 수 없습니다. 아무래도 저는 사업가가 될 수 없을 것 같아요. 어떡하죠?' 이런단 말이지."

하워드는 그렇게 서두를 꺼낸 다음 본격적으로 '위험'에 대한 이야기를 시작했다.

"몇 년 전 하버드 경영대학원에 기업가 과정을 만들 때만 해도 '기업가는 위험을 즐기는 이상한 사람'이라는 생각이 일반적이었어. 지금도 대부분의 사람들은 기업가를 가리켜 위험을 무릅쓰는 사람이라고 생각하는 경향이 있지. 하지만 40년 동안 연구해 보니 성공한 기업가들 중에서 위험을 좋아하는 사람은 거의 없더군. 물론 성격적으로 아주 대담하거나 무모한 사람도 있지만 거의 대부분은 위험을 싫어해. 다만 그들은 위험에 대한 두려움을 극복하고, 위험한 곳을 향해 계속 나아가는 방법을 알고 있지."

"위험하다는 것을 알면서도 계속 나아간다……, 마치 아르고 호를 타고 떠난 영웅들의 이야기 같군요."

"그래서 도전하는 사람들의 삶은 기본적으로 영웅의 여정과 같지 않나? 이것이 루디가 가장 먼저 이해하고 받아들여야 할 생각이야."

나는 하워드의 말에 동의하며 이렇게 말했다.

"실제로 우리는 명확히 드러나지는 않지만 날마다 위험을 감수하고 있습니다. 혼잡한 출퇴근 시간에 5번가를 가로지르는 위험, 그릴에 구운 새우 대신 생선회를 먹는 위험, 돈을 저축하는 대신 물건을 사는 위험……."

"그래, 하지만 루디는 그런 종류의 위험으로 의사결정에 어려움을 겪는 것은 아니잖아. 사실은 일상 속에서 매순간 위험을 받아들이듯 경력에서도 위험을 감수해야 하는데 말이야. 어쩌면 그녀가 일상의 위험 속에서 편안하게 행동할 수 있는 이유는 자연스럽게, 혹은 거의 무의식적으로 위험의 특성을 좁혀놓고 있기 때문일 수도 있어. 5번가에서 무단횡단하는 대신 신호를 기다리고, 신선한 생선을 파는 것으로 알려진 횟집에서 식사를 하겠지. 기업가적 마인드를 가진 사람들도 그런 방식으로 행동하거든. 그들은 위험의 범위와 잠재 규모를 어떻게 줄이는지 알고 있어. 이것이 루디가 이해해야 할 두 번째 생각이야. 사전에 주도적으로 준비하면 위험을 줄일 수 있다는 사실을 알아야 해."

하워드는 손을 뻗어 쟁반 위에 놓인 커피와 우유를 집어들었다. 그러고는 마치 바리스타처럼 천천히, 그러나 능숙한 솜씨로 카페라테를 만들면서 이야기를 계속했다.

"내 생각에 루디는 어떻게 하면 위험을 용케 피해 갈 수 있을지, 거기에만 집중하고 있는 것 같군. 하지만 그녀가 해야 할 질문은 이거야. '어떻게 하면 앞으로 나아가는 것을 편하게 받아들일 수 있을까? 위험을 충분히 이해하고 줄이려면 어떻게 해야 할까?' 그리고 그 질문에 답하려면 우선 기초부터 다져야 해."

"어떻게 기초를 다져야 합니까?"

"자, 또다시 전환점으로 돌아왔군. 루디는 인생에서 중요한 전환점을 맞이한 거야. 생각해 봐, 그처럼 잠재 위험이 가득한 상황 말고 도대체 어떤 상황이 전환점일 수 있겠나? 하지만 그녀는 이 상황을 귀중한 기회로 인식하지 못하고 있어. 자신의 삶에서 남기고픈 유산이 무엇인지조차 세우지 못했기 때문에 구체적인 방향도, 일관된 초점도 없이 인생의 평균대를 지나고 있는 거야. 어떻게 기초를 다져야 하냐고 물었지? 자신의 경쟁우위부터 명확히 정의해야 해. 만일 루디가 경쟁우위를 정의했다면 어떤 분야에서 일할지 확신하지 못한다 하더라도 최소한 자기가 가장 잘할 수 있는 일을 직업으로 삼았을 거야."

하워드는 라테를 천천히 한 모금 마셨다. 나는 하워드가 건네주는 잔을 받아들며 말했다.

"그러니까 남기고픈 유산과 경쟁우위를 이해하면 위험이 어디에 있는지, 그 위험이 실제로 얼마나 중요한지 판단하는 기준을 갖게 될 거란 말씀이죠?"

그러자 하워드는 내가 꺼낸 책 두 권 가운데 한 권을 달라고 손짓했다.

"거기에 대한 기본적인 내용이 이 책에 담겨 있네."

그는 아일린 샤피로Eileen Shapiro와 함께 쓴 『예측지능Make Your Own Luck : 12 Practical Steps to Taking Smarter Risks in Business』의 책장을 넘기며 말했다. 이 책은 기업가적인 선택에 따르는 잠재 위험과 이익을 분석하는 정교한 틀을 제시한다. 분석 틀의 핵심은 '갬블러의 12가지 법칙'이라 불리는 간단한 질문들이다.

"루디가 '갬블러의 12가지 법칙'에서 핵심을 이해하려면, 남기고픈 유산에 대한 기본 생각을 바탕으로 다음 세 가지 근본적인 질문에 답할 수 있어야 해."

하워드가 제시한 세 가지 근본 질문은 다음과 같다. 첫째, 현 상황과 그에 따른 결과에 얼마나 만족하는가? 둘째, 1~2년 뒤 얻고자 하는 구체적인 결과는 무엇인가? 셋째, 위험을 감수했으나 원하는 결과를 얻지 못한다면 어떤 상황에 놓이게 될 것인가?

"루디가 이 질문들에 대해 충분히 생각한다면 위험에 대응하는 구체적인 방법도 배우게 될 거야."

하워드는 내가 꺼낸 두 번째 책 『먹느냐 먹히느냐: 미래를 개척하는 예측가능성의 힘 *Do Lunch or Be Lunch: The Power of Predictability in Creating Your Future*』을 집어들었다. 그러고는 천천히 책장을 넘기며 말했다.

"에릭, 도대체 위험이란 게 뭘까? 위험이라는 단어가 정말로 '위험한 상황'을 제대로 나타내기나 하는 걸까?"

하워드는 위험의 개념을 단순히 '결과와 불확실성의 조합'일 뿐이라고 정의했다. 이는 간단한 수학공식 같은 것으로, 불확실성을 제거하고 결과가 명확해지면 위험도 사라진다는 것이 그의 설명이었다.

"불확실성의 이면에는 예측가능성이 있지. 확신을 가지고 결과를 예측할수록 의사결정 또한 쉬워질 거야. 따라서 위험을 줄이려면 예측가능성을 높여야 해. 그러자면 기회를 둘러싼 어수선한 것들을 깨끗이 정리하고 불확실성의 장막을 걷어내야겠지. 그리고 선택 가능한 대안이나 영향을 면밀하고 솔직하게 평가해야 해. 그래야 예측가능성의 빛을 만나게 될 거야."

하워드와 만나고 돌아온 뒤 나는 루디와의 약속 날짜를 생각하며 대화의 요지를 정리해 보기로 했다. 생각보다 꽤 집중이 필요한 작업이었다.

다음 날 퇴근 뒤에도 회사 근처의 찻집에 앉아 메모를 끼적이며 생각에 잠겼다. 한편으로는 잘 알지도 못하는 사람의 문제에 너무 매달리는 게 아닌가 하는 생각도 없지 않았다. 하지만 불특정 다수의 독자를 위해 책을 쓰고 있는 나로서는 루디가 처한 실제 상황을 통해 하워드와 나의 대화가 얼마나 현실적인 조언이 될 수 있는지 확인해야만 했다. 나는 우리의 대화가 그녀의 선택과 용기에 조금이라도 긍정적인 영향을 줄 수 있기를 바랐다. 하워드로부터 전화가 걸려온 것은 그때였다.

"자네 어딘가?"

"회사 근처에서 생각 좀 하고 있습니다."

"루디와 어떻게 이야기해야 할지 고민하고 있는 모양이군."

"정확히 맞히셨습니다. 선생님은 어디세요?"

"벤치에 앉아서 하버드 스퀘어의 밤 풍경을 감상하고 있지."

"당장 달려가겠습니다."

나는 하워드가 어느 벤치에 앉아 있는지 알고 있었다. 그는 하버드 경영대학원 건물이 정면으로 보이는 낡은 벤치를 좋아했다. 나는 카페라테가 식지 않기를 바라며 그곳으로 달려갔다.

"사실은 나도 루디 생각을 하고 있었네. 아직 할 이야기가 더 남은 것 같더군. 예측가능성의 빛을 밝히는 방법이라고나 할까."

하워드는 카페라테를 받아들며 말했다.

"와, 굉장히 실용적인 느낌인데요?"

"그런 셈이지. 앞일이 어둡게 느껴질수록 예측가능성의 빛이 필요할 테니까 구체적인 방법이 있어야 하지 않겠나? 하지만 자신의 역량뿐만 아니라 자기가 처한 상황을 냉정히 바라봐야 하는 작업이니만큼 여기엔 다소 용기가 필요해."

"용기가 없어서 망설이는 사람한테 용기를 내라고 말합니까?"

"용기란 원래부터 있어왔던 게 아니라 매순간 우리가 선택하는 거야. 역사상 위대했던 도전자들도 초인적인 용기를 지녔던 건 아니었어. 단지 그들은 용기를 선택했을 뿐이지."

하워드는 카페라테를 한 모금 천천히 마신 다음 '예측가능성의 빛을 밝히는 다섯 단계'를 하나씩 설명하기 시작했다. 그가 제시한 첫 번째 단계는 '위험을 해체하라'는 것이었다.

"많은 사람들이 생각하는 '위험'의 실체를 분석해 보면, 사실 여러 요소가 그저 복잡하게 얽혀 있는 상황일 뿐인 경우가 많아. 이건 마치 '숲만 보고 나무는 보지 못하는' 것과 같지."

따라서 위험을 해체하려면 먼저 '불확실한 요인'과 '결과에 영향을 미치는 요인'을 따로 분리하고, 특별한 주의가 필요한 요인과 필요하지 않은 요인을 나누어야 한다. 그 다음에는 위험을 좀 더 분해하여 예상되는 결과마다 잠재 이익과 비용을 명확히 계산한 뒤 불확실성을 초래하는 근본 요인을 규명해야 한다. 이렇게 수많은 요인을 정리하고 나면 복잡하고 거대해 보이던 위험도 어느새 관리 가능하며 뚜렷이 구분되는 선택과 질문으로 줄어들게 된다.

"그렇게 되면 문제의 실상과는 무관한 두려움에서도 벗어날 수 있겠지."

두 번째 단계는 '단기 관점을 넘어 길게 보라'는 것이었다.

"인간이 지닌 여러 약점 가운데 하나는 무언가 잃게 될 위험은 지나치게 강조하고, 새로 얻게 될 가능성은 너무 축소해서 생각한다는 거야. 마찬가지로 긍정적이든 부정적이든 장기적인 영향보다는 단기적인 영향을 더 중시하는 성향이 있지. 이런 본능 때문에 효과적으로 위험을 가늠하기가 어려운 거야. 직장에서 새로운 도전을 주저하는 경우를 예로 들 수 있겠군. 사실은 새로운 도전을 완수하지 못할까 봐 두려운 게 아니라 새로운 기술을 습득하는 동안 자신의 경쟁력이 낮아진다고 생각하기 때문에 도전을 주저하는 거야."

하워드는 장기적인 이익을 위해 단기 위험을 기꺼이 감수하는 것이야말로 원대한 경력 목표를 달성하기 위한 핵심 요소가 된다고 말했다. 또 그러기 위해서는 '감성적 강건함'이 필요하다고 했다. 내일의 이익을 위해 오늘의 손실을 감내하기 위해서는 어느 정도의 감정적 억제가 필요하기 때문이다. 그렇다면 루디 역시 자신의 장기 경로를 명확히 정의하기 위해서는 수입 감소라는 단기 위험을 받아들여야만 한다.

"지지해 주는 가족과 약혼자가 있으니 루디는 재정적으로 튼튼한 안전망을 갖춘 셈이네."

하워드가 말했다.

"그러니 루디에게 이렇게 자문해 보라고 해. '내가 정말 열정을 느끼는 일이 무엇인지 확인하려면 앞으로 1~2년 동안 수입의 많고 적음을 떠나 어떤 일을 추구해야 할 것인가?' 사실 단기적인 재정 위험은 그녀가 얻게 될 방향성과 에너지에 비하면 사소한 위험에 불과해."

세 번째 단계는 '앞으로 뒤로, 영화 전체를 돌려보라'였다.

각종 설문 결과에 따르면, 젊은 사람들은 앞으로 문제가 될 수 있는 일을 하는 것이 가장 두렵다고 답했다. 반면, 나이 든 사람들은 경험하지 않은 일이나 붙잡지 않은 기회와 같이 과거에 하지 않은 일을 가장 안타깝게 여긴다고 한다. 한편 다른 연구 결과에 따르면 사람들은 앞으로 잘못될 것 같은 일에 대해 크게 우려하고 그로 인해 얼마나 상심할지 과장해서 생각하지만, 실제로 그 사건이 일어나면 예상했던 것보다 훨씬 더 결과를 편하게 받아들인다고 한다. 이런 결과들은 인간의 본능적인 성향으로 인해 위험에 대한 인식이 얼마나 왜곡되는지를 여실히 보여준다.

"상상할 수 있는 한 '위험 시나리오'를 처음부터 끝까지 재생해봐야 해."

하워드가 말했다.

"그 다음 장례식 시점에서부터 거꾸로 돌려보는 거야. 거꾸로 돌리면서 어떤 선택이 실제로 더 위험했는지를 생각해 볼 수 있을 테니까."

그는 위대한 코미디언 루실 볼Lucille Ball이 남긴 말을 염두에 두라고 말했다.

"하지 않은 일을 후회하기보다는 차라리 해놓은 일들을 후회하리라."

네 번째 단계는 '되돌릴 수 있는 결정과 되돌릴 수 없는 결정을 분리하라'였다.

예를 들어 로스쿨을 그만두는 데 따르는 위험은 '되돌릴 수 있는 것'이다. 최악의 경우 다시 지원할 수 있기 때문이다. 하지만 올림픽을 앞두고 오랜 기간 훈련을 중단하는 데 따르는 위험은 되돌릴 수 없다. 올림픽 출전이라는 기회의 창이 매우 좁기 때문이다. 또는 회계 업무를 그만두고 브로드웨이 쇼에 도전하는 것은 똑똑한 선택일 수도, 아닐 수도 있겠지만 아마 돌이킬 수 있는 위험일 것이다. 성공하지 못해도 다시 회계 업무로 돌아갈 수 있는 여지가 있기 때문이다. 반면 오디션을 보는 동안 실업수당을 받기 위해 회계 법인에서 해고당하고 오디션을 고의로 망친다면 돌이킬 수 없는 위험을 받아들이는 꼴이 된다.

이렇듯 근본적인 행동을 돌이킬 수 있거나 최소한 일부분이라도 되돌릴 수 있다면, 위험은 처음 생각한 만큼 크지 않을 것이다.

"솔직히 말하면 경력에서의 위험은 돌이킬 수 있는 경우가 대부분이야. 윤리적 잘못이나 신체적, 감정적, 법률적으로 다른 사람에게 해를 입힌 경우가 아니라면 어떤 위험이든 웬만큼은 되돌릴 수 있거든."

하워드가 말했다.

"따라서 상황이 얼마나 위험한지 판단할 때 '가역성'이라는 요인을 무시하면 문제가 더 커지게 될 거야."

마지막으로 하워드는 '위험을 분산하는 방법을 찾아내라'고 말했다. 일단 위험의 실체와 규모를 명확히 이해했다면, 남은 과제는 위험을 분산하는 것이다.

"위험을 분산하는 방법은 내 경험 가지고도 설명이 되겠군."

"예, 저도 기억합니다."

언젠가 하워드는 유럽 여행에서 꽤 고가의 조각상을 구입한 적이 있다. 그런데 그 조각상을 케임브리지까지 안전하게 운반하는 것이 큰 문제였다. 물론 보험에 들 수도 있었지만 작품이 훼손되기라도 하면 복구하는 데 많은 시간과 에너지를 들여야 할 것이고, 결과적으로 더 많은 비용이 들 수도 있었다. 그렇다면 하워드는 어떤 식으로 위험을 분산했을까?

그는 딜러에게 보스턴 행 왕복 비행기표를 사주며 말했다.

"조각상을 로건 공항에서 훼손되지 않은 상태로 나에게 건네주시오. 그러면 그때 모든 대금을 지급하겠소."

결국 하워드는 티켓 값을 부담하고 딜러는 왕복에 소요되는 시간을 부담한 셈이다. 이렇게 위험을 나눠 가짐으로써 양쪽 모두 원하는 것을 얻을 수 있었다.

"위험을 분산하는 방법에 대해서는 여러 가지 창의적인 아이디어를 찾아낼수록 좋겠지."

이를테면 장기간에 걸쳐 조금씩 조치를 취해 가며 위험을 줄일 수도 있고, 불확실한 의사결정을 내리기 전에 먼저 시험 삼아 해볼 수 있는 방법을 찾을 수도 있을 것이다. 아니면 기꺼이 위험을 나눌 파트너가 있을 수도 있다.

"자, 내 이야기는 여기까지. 이제 완전히 어두워졌구먼."

"그러게 말입니다. 얼굴도 모르는 젊은이의 인생을 위해 하버드의 전설적인 교수가 이 시간 동안 이야기를 함께 나눴다는 사실을 루디가 알면 기분이 어떨까요?"

"그녀가 용기를 선택할 수만 있다면 이런 야밤의 대화도 즐겁지 않겠나."

＊ ＊ ＊

루디와의 두 번째 만남이 시작됐을 때 나는 이렇게 말했다.

"오늘 대화로써 정보를 모으느라 사람들을 만나는 일은 끝내기를 바랍니다. 당신은 이미 너무 많은 정보를 갖고 있으니까요."

"아직 많이 부족한 것 같은데요?"

"부족한 건 정보가 아니라 용기랍니다."

나는 그녀에게 하버드가 말한 다섯 단계를 차근차근 얘기해 줬다. 그리고 내 경험에서 우러나온 세 가지 경고를 덧붙였다.

"첫째, 위험에 대한 다른 사람의 정의를 받아들이지 말아야 합니다."

누군가 나에게 '위험한 업무 환경이 무엇인가?'라고 물으면 나는 대기업이라고 답할 것이다. 왜냐하면 내게 있어 대기업에서 일한다는 것은 내 운명에 대한 실질적인 통제권을 포기한다는 의미이기 때문이다. 하지만 같은 질문을 내 친구 마크에게 한다면 그는 소규모 벤처회사라고 답할 것이다. 소규모 벤처는 재정 상태가 불안정할 뿐만 아니라 실수를 용인할 수 있는 여지가 거의 없기 때문이다. 두 사람 모두 틀린 것일까? 아니다. 그렇다면 위험에 대한 두 사람의 개인적인 정의를 루디에게 바로 적용할 수 있을까? 역시 아니다. 무엇이 위험한가에 대한 답은 오직 자기 안에만 있기 때문이다.

"둘째, 때가 되기 전에 미리부터 걱정하지 말아야 합니다."

10년 전 나는 하버드 경영대학원 진학 여부를 놓고 며칠째 스트레스를 받고 있었다. 몇 년간 사업을 떠난다면 경력 경로에 어떤 위험이 있을지에 대해 나는 아주 상세히 평가하려고 노력했다. 일하지 않고 학비를 내면 경제적으로 어떤 영향이 있을까? 공부를 다시 시작하고 보스턴으로 이사하는 것을 아내인 제니퍼가 편하게 받아들일까? 나는 거듭해서 생각했다. 그런 어느 날 나는 친구 알 피지카에게 내 결정에 따르는 다양한 위험을 정밀한 수학처럼 평가하고 싶다며 장황하게 이야기를 늘어놓았다. 그는 내 말을 싹둑 끊으며 이렇게 말했다.

"당장 집어치워. 넌 아직 존재하지도 않는 선택권과 위험을 놓고 걱정하고 있잖아. 먼저 선택권부터 얻으란 말이야. 우선 하버드 입학 허가부터 받고, 그 다음 예상되는 결과를 생각하는 게 순서야!"

나는 그때의 충고를 평생 잊지 못할 것이다. '선택권을 얻고 그 다음 실행을 걱정하라!' 이와 더불어 나는 '자신의 문제가 아닌 일로 걱정하지 말라'는 하워드의 제안도 함께 전했다.

"셋째, 선택하지 않으면 안 됩니다."

흔히 사람들은 '선택하지 않는 것 자체가 선택'이라며 만족스럽지 못한 상황 속에 계속 머물러 있으려고 한다. 그 '익숙한 불편함'이 오히려 덜 위험하다고 생각하기 때문에 너무도 많은 사람들이 '선택하지 않는 덫'에 빠져 자신을 더더욱 위험한 상황으로 몰고 가는 것이다. 하지만 인생이나 경력에서 위험이 따르지 않는 선택은 없다는 사실을 받아들여야 한다. 하워드는 이에 대해 철학자 에머슨의 말을 인용하곤 했다.

"태어나는 순간부터 위험은 존재한다."

때로는 시행착오를 겪기도 하면서 위험 관리 능력을 꾸준히 개발해야 한다. 선택하지 않음으로써 위험을 피하려고 하는 것은 기만적인 방어에 불과하며 심지어 다른 종류의 위험을 초래할 수도 있다.

"제가 준비한 이야기는 여기까지입니다. 조금이나마 도움이 된다면 좋겠네요."

하워드와 두 차례에 걸쳐 나눈 이야기와 내가 생각한 요점들을 모두 얘기하고 나자 어느덧 두 시간이 훌쩍 지나 있었다. 그때까지 루디는 메모를 해가며 경청하고 있었다. 이야기가 끝나자 그녀는 한동안 멍한 표정으로 나를 바라보기만 했다. 그러더니 떨리는 목소리로 이렇게 말했다.

"이런 이야기를 듣게 될 줄은 몰랐어요. 솔직히 잘 알지도 못하는 사람한테 이렇게까지 해주실 줄은……. 정말 고마워요."

"감사는 하워드 스티븐슨 교수님께 하시면 됩니다. 이 자리에 함께하지는 않았지만 그분은 지금 우리가 어떤 이야기를 나누고 있는지 누구보다 잘 알고 계실 거예요. 그리고 틀림없이 당신에게 이렇게 말했을 겁니다. '전진하는 삶을 살아라!'"

인생은 어려울 때가
제대로 가고 있는 것이다

보이는 것을 그대로 믿지 마세요. 겉으로 실패한 것처럼 보이는 상황에서도
'보이는 것 이상'을 발견해야 합니다. 성공과 실패에 의문을 갖는 행동이야말로
전진하는 움직임을 만들어낸다는 사실을 기억하세요.

4

"우리는 성공보다 실패를 통해 더 많은 것을 배운다.
하지 말아야 할 것을 발견함으로써 해야 할 것을 발견하게 된다."

새무얼 스마일즈

Howard's Gift
•

인생의 어느 시점에서 여러분은 원하는 것들로부터 거절당하는 경험을 하게 될 겁니다. 여러분은 직장을 구하거나 대입 시험을 치르고, 연구비를 신청합니다. 오디션에 참가하거나 무언가를 발표하기 위해 노력하며, 여러 가지 소중한 것을 추구하기도 합니다. 하지만 그 무엇도 쉽게 얻어지는 건 없습니다. 어려운 상황이나 암울한 시기에 처해 있을 때, 그 모호함 속에서 기회를 찾으려면 어떻게 해야 할까요? 재난을 발견으로, 실패를 행운으로 바꾸려면 어떻게 해야 할까요?

이는 몇 년 전에 있었던 어느 모임의 취지문이다. 하버드 대학의 교수와 학생, 행정직원들을 대상으로 '거절에 대한 고찰 : 실패를 극복하는 회복력에 대한 탐구'라는 주제로 진행한 이 모임에서 참가자들은 자신이 경험했던 실패담과 그 경험이 인생에 미친 영향에 대해 솔직하게 이야기를 나누었다. 변호사, 경영대학원 지원자, 과학자, 수학자, 소설가, 보석 디자이너 등등 제각기 살아온 환경과 직업은 달랐지만, 그들 모두 '뼈저리게 후회되는 실패'의 경험을 갖고 있었다. 특히 그 자리에 참석한 통계학 교수 샤오 리 멍Xiao-Li Meng은 자신의 실패 경험을 털어놓으며, 그 경험에서 얻은 깨달음을 바탕으로 엉뚱하지만 논리적인 '거절의 통계이론'을 제시했다.

"많은 사람들이 거절이나 실패를 마치 부도덕한 성품이나 불성실한 태도 탓으로 생각하곤 합니다. 이것은 사회적 통념이나 가족의 기대, 또는 자신의 내적 기준에 의해 형성된 생각이죠. 하지만 그런 생각은 죄다 엉터리입니다."

그의 이론에 따르면, 경쟁을 통해 합격자를 가리는 어떤 선발과정에서 무작위로 지원자를 선택해 합격 여부를 살펴보면, 불합격자일 확률이 합격자일 확률보다 높다고 한다. 또한 그는 어떤 사람이든 모든 일에서 성공할 확률은 '0퍼센트'라고 말했다. 샤오 리 멍 교수의 결론처럼 모임에서 논의된 핵심내용은 간단했다.

'거절과 실패에서 자유로운 사람은 아무도 없으며, 아무리 재능이 뛰어난 사람이라도 늘 이기는 것은 아니다. 게다가 실패했다고 해서 그것으로 모두 끝난 것도 아니다.'

중요한 것은 참가자들 대부분에게 거절과 실패의 경험이 큰 동기요인으로 작용했다는 점이다. 이것을 하워드 식으로 이야기하자면, 거절과 실패는 '엄청난 동기부여 에너지가 내재된 적대적 전환점'인 셈이다. 또 어떤 사람들에게는 실패의 경험이 일종의 신호등이나 모닝콜 역할을 함으로써 자신의 목표와 남기고픈 유산을 재점검하고, 경쟁우위를 재평가하는 계기가 되었다.

모임이 끝난 다음 날, 나는 하워드와 함께 조정 경기가 한창인 찰스 강변에 앉아 따뜻한 봄 햇살을 즐기고 있었다.

"많은 이야기들이 오갔습니다. 그런데 흥미로운 건 모임이 끝날 때쯤 되자 성공이니 실패니 하는 구분이 모호해지더라는 것이죠."

하워드는 내 말에 고개를 끄덕였다.

"그런 자리가 더 많이 생겨야 해. 지난 수십 년 동안 힘들이지 않고 성공하려는 헛된 기대는 점점 늘어나고, 실패를 도덕적 오점이라 여기는 풍조가 만연하고 있거든."

"하버드를 의미하시는 겁니까?"

나는 캠퍼스를 가로지르는 학생들을 가리키며 물었다.

"하버드는 물론이고 다른 곳도 마찬가지야. 사실 하버드에만 '성공의 독재'가 널리 퍼져 있는 것은 아니니까."

"성공의 독재라……, 하워드 어록에 추가될 법한 말이군요."

하워드는 빙그레 웃으며 말했다.

"독재란 글자 그대로 독단적이고 철저히 억압적인 통제를 뜻하지. 내가 '성공의 독재'라고 표현한 것은 우리 모두가 성공 만능주의의 노예가 되어가고 있기 때문이야. 너무나 많은 사람들이 무의식적으로 '성공이 전부'라는 생각에 지배당하고 있지 않나? 인정받기 위해서는 어쨌든 성공해야 하고, 성공하지 못하면 무조건 실패라는 생각이 만연해 있잖아."

하워드는 성공의 독재가 '유명인 문화'와도 밀접한 관련이 있다고 말했다. 유명인 문화에서는 성공이 아니면 죽음이나 마찬가지로 치부되고, 성공하지 못한 사람은 관심의 대상에서 철저히 제외된다는 것이다. 그런가 하면 성공의 독재는 우리의 나태한 자세로부터 비롯되기도 한다. 즉 노력을 기울여 회색의 미묘한 차이를 찾아내기보다는 흑과 백으로 나누어 손쉽게 생각하려는 태도가 문제인 것이다. 그 결과 성공은 좋고 실패는 나쁘며, 그 중간은 존재하지 않는다는 지나치게 단순화된 방정식을 맹목적으로 받아들이게 되었다.

"철학자 한나 아렌트는 '독재에 시달리는 상황에서는 생각보다 행동이 훨씬 쉽다'고 말했지. 정말 그렇지 않나? 사건에 대해 이해하고 생각하기보다는 그저 단순하게 반응하는 경우가 더 많잖아. 그건 결국 성공의 독재에 굴복한다는 뜻이야. 사실 진정한 성공 같은 것도 없고, 진정한 실패란 건 더욱 없다는 사실을 이해하려 하지 않아."

나는 모임에서 참가자들이 고백한 실패담을 떠올리며 하워드에게 물었다.

"선생님은 어떤 실패담을 갖고 계십니까?"

하워드는 대답을 머뭇거리며 다소 당혹스러운 표정을 지었다. 그가 질문을 받고 당황하는 모습은 처음이었다.

"흠, 어떻게 대답해야 좋을지 모르겠군. 내 인생에 대해 그런 식으로 생각해 본 적이 없어서……."

그는 벤치에 편하게 기대며 이야기를 시작했다.

"나는 스스로 영향을 미칠 수 있는 일에만 에너지를 쏟는 편이지. 지나간 일은 앞으로 나아가는 데 도움이 될 경우에만 유용할 뿐이니까. 그리고 비록 실망스러운 일이 있었다 해도 거기엔 좋은 결과와 나쁜 결과가 늘 공존해 있어. 그래서 나는 '실패'라는 말보다는 '깊은 의미가 담긴 상황'이라 부르고 싶군. 전략을 평가하고 재정비하기 위한 정보나 새로운 기회가 가득한 상황 말이야."

그는 내 얼굴을 힐끗 보더니 질문의 요지가 뭔지 알았다는 듯 웃으며 말했다.

"아아, 그렇다고 오해하지는 말게. 나도 실망스러운 상황이나 고통스러운 경험이 분명 있었지. 하지만 그 경험이 과연 실패였느냐고 묻는다면 아니라고 대답할 수밖에 없어. 첫 번째 결혼이 실패였을까? 성공적이진 않았지만 분명 실패는 아니지. 최소한 아들 셋과 많은 손자들이 생기지 않았나. 그럼 처음에 하버드 경영대학원에서 교수로 일하던 시기가 실패였을까? 성공적이진 않았지만 그것 역시 실패는 아니야. 나는 그 시기에 학생들을 잘 가르쳤고 훌륭한 연구 결과도 발표했거든."

그는 내 질문에 쉽게 답하지 못했던 근본적인 이유에 대해 '성취하지 못한 것'과 '실패한 것'이 자신에게는 전혀 다른 의미이기 때문이라고 말했다.

그렇다면 '실패'란 단어의 진짜 의미는 무엇일까? 하워드는 '더 이상 노력하지 않는 상황'이야말로 실패라고 말했다. 자신의 도덕

관에 부합하는 일을 성취하기 위해 더 이상 노력하지 않을 때, 남기고픈 유산을 실현하기 위해 더 이상 노력하지 않을 때가 실패라는 것이다.

하워드는 잠시 말을 멈추고 기억을 떠올리더니 아서 애시Arthur Ashe라는 인물에 대해서 이야기했다. 그는 테니스계의 암묵적인 인종장벽을 무너뜨리고 흑인 최초로 메이저 대회에서 우승한 선수였다. 기자들이 아서에게 세상의 그 숱한 장애물들을 어떻게 넘었는지 묻자 그는 "지금 서 있는 곳에서 시작하세요. 당신이 가지고 있는 것을 이용하고 당신이 할 수 있는 일을 하세요"라고 답했다.

"멋진 말이지? 나도 날마다 내가 바라는 모습을 객관적으로 보면서 스스로에게 묻곤 해. '비전에 한 걸음 더 가까이 다가가려면 오늘 무슨 일을 해야 할까?' 솔직히 말해서 어제 어떤 성공이나 실패가 있었는지는 전혀 중요하지 않아. 정말 중요한 것은 이런 것이라네. 오늘 내가 서 있는 곳이 어디인가, 내가 해야 하는 일이 무엇인가, 그리고 전진하는 인생을 살기 위해 내가 할 수 있는 일은 무엇인가."

성공과 실패에 대해 좀 더 다양한 관점을 생각하던 중, 이 주제에 적합한 사람들의 이야기가 떠올랐다.

미국의 호텔과 여행 산업에서 마이크 레븐Mike Leven이란 이름을 만나기까지는 오랜 시간이 필요했다. 업계에 들어서서 수십 년 동안 그는 거의 무명에 가까운 인물이었고, 여느 가장들과 다름없이 다달이 주택담보 대출금을 갚아나가고 있었다. 오랜 경력을 쌓은 뒤 데이즈인 호텔 그룹의 회장이라는 중책을 맡게 된 그는 "대출금을 한 달치 먼저 갚을 수 있게 됐군요."라며 웃었다. 그리고 71세라는 고령에 파산 위기에 몰린 라스베이거스 샌드의 회장으로 취임했고, 3년이 채 되지 않아 기업을 회생시켰다. 이는 거북이걸음으로 달려온 50년 경력에 정점을 찍을 만큼 대단한 성과였다. 그래서 그에게 가장 자랑스럽게 생각하는 업적이 무엇이냐고 물었을 때 당연히 '라스베이거스 샌드'라는 대답을 예상했었다. 그러나 그의 대답은 달랐다.

"내가 가장 자랑스럽게 생각하는 일은, 오늘 이 순간에 도달하기까지 50년이 걸렸다는 사실 그 자체라오."

사람들은 업계 정상에 오른 인물이라면 줄곧 승승장구해 왔으려니, 큰 실수나 실패 없이 화려한 직함과 경제적 성공이라는 상승곡선만을 그리며 살아왔겠거니 하고 막연하게 생각한다. 그런 의견들에 대해 마이크는 고개를 저으며 이렇게 말했다.

"높은 산일수록 천천히, 그러나 쉬지 않고 조금씩 올라가는 것이 중요하다오. 나는 직업적으로나 개인적으로 내가 옳다고 느끼는 일을 했고, 때로는 그게 실패로 비춰지기도 했지요. 하지만 천천히 나아간 덕분에 호텔 산업을 제대로 이해할 수 있었고, 효과적인 리더가 되기 위한 능력을 차곡차곡 갖출 수 있었다오."

마이크 레븐이 '느리지만 제대로 된 성공'을 강조한 반면, NBC

스포츠의 마크 라자루스Mark Lazarus는 '의미 있는 실패'를 이야기했다. 직업적 성공의 뒷이야기를 물어보자 그는 뜬금없이 고등학생 때 이야기를 시작했다.

"고등학교 2학년 때 나는 보통의 10대들보다 좀 더 심한 잘못을 몇 가지 저질렀습니다. 그래서 학교를 옮겨 한 학년을 새로 시작해야 했죠. 돌이켜 보면 그때의 경험이 향후 30년 동안 내 삶과 경력에 커다란 영향을 미친 것 같습니다."

그는 과거 철부지 시절에 그런 불행과 실패가 없었다면 지금처럼 흥미롭고 성취감 느끼는 직업을 갖지 못했을 거라고 말한다.

"아무래도 실패와 성공 사이에는 어떤 상관관계가 있는 게 틀림없습니다."

몇 년 전 마크 라자루스는 큰 실패라 부를 만한 어려운 상황에 직면해 있었다. 그는 17년 동안 터너 그룹에 몸담아 왔지만, 터너 엔터테인먼트 그룹의 회장이 된 지 6년 만에 다른 최고 경영진들과 함께 갑자기 해임되고 말았다. 터너에서 나와 몇 년간 다른 곳에서 일하던 그는, 수십 년간 NBC를 이끌어온 상징적인 경영자 딕 에버솔Dick Ebersol에게 발탁되어 NBC의 새로운 스포츠 케이블 그룹을 맡게 되었다. 그리고 불과 몇 달 뒤 업스테이트 뉴욕에서 회의를 하던 도중 마크는 딕의 상사인 NBC 유니버설의 CEO로부터 예상치 못한 전화를 받았다. 그는 마크에게 대뜸 "지금 어디 있나? 얼마나 빨리 맨해튼으로 돌아올 수 있나?" 하고 소리쳤다. 무슨 일이냐고 묻자 그는 이렇게 말했다.

"딕 에버솔이 오늘 퇴임하네. 그리고 자네가 그 자리를 맡게 되었네. 지금 바로 본사로 들어오게. 해야 할 일이 산더미처럼 쌓여 있으니까."

마크는 입사한 지 8개월 만에 '살아 있는 전설' 딕 에버솔의 뒤를 잇는 벅찬 도전에 직면했고, 그 순간부터 모든 상황이 정신없이 돌아가기 시작했다. 그는 버수스 네트워크 통합과 150억 달러에 달하는 6개 주요 스포츠의 중계권 협상을 책임지게 되었다. 무엇보다 가장 시급한 일은 올림픽 중계권을 확보하는 것으로 3주 뒤 첫 프레젠테이션이 있을 예정이었다. 기회와 중책이 동시에 주어진 셈이었다. 그리고 그는 그 모든 당면과제들을 아주 멋지게 해결해 냈다.

"그런 뒤에야 비로소 나에 대해 새로운 사실을 알게 되었죠."

마크는 '태평성대'가 아니라 절체절명의 위기나 도전적인 상황에 꼭 맞는 적임자였던 것이다.

"퇴학과 전학을 경험했던 고등학교 2학년 시절, 나는 얼마든지 나쁜 길로 빠져들 수 있는 상황이었습니다. 다행히 한 학년, 그러니까 1년을 다시 시작할 수 있는 기회가 주어졌죠. 지금 돌이켜보니 그 1년 동안 처음으로 '인생'에 대해 깊이 생각하게 된 것 같습니다. 그런 점에서 나에게 그 1년은 낙오나 실패의 시간이 아니라 인생의 반전을 준비하는 시간이었던 셈이죠."

마찬가지로 그는 아무 이유 없이 터너에서 전격 해고당한 사건에 대해서도 같은 해석을 내리고 있다. 물론 그 사건은 현재까지도 여전히 불쾌한 기억으로 남아 있었다. 하지만 그는 그때의 전환점에서 많은 교훈을 얻었고 덕분에 오늘날 훨씬 더 훌륭한 리더가 될 수 있었다.

마지막으로 내 친구이자 비즈니스 파트너인 켄 오스틴은 '실패의 두려움을 어떻게 이용할 것인가'란 점에서 생각할 거리를 안겨준다. 그는 공공연히 "나는 실패하지 않아"라고 말하고 다니는 몇 안 되는 인물이다.

"잘났군."

내가 퉁명스럽게 말하자 그는 손사래를 쳤다.

"아아, 거만하다고 생각하지는 마. 나도 다른 사람들처럼 실패에 민감할 뿐만 아니라, 성공하지 못했던 상황도 많았어. 다만 스스로 완전히 무너진 적이 없을 뿐이야."

나는 단 한 번도 실패하지 않은 사람을 본 적이 없다. 켄 역시 다른 사람들처럼 크고 작은 실패를 경험했었다. 그런데도 자신 있게 '나는 실패하지 않아'라고 말할 수 있는 것은 실패에 대한 해석의 차이 때문이다. 그는 가장 실패한 경험 속에서도 다른 사업을 성공시키는 데 도움이 될 만한 실질적인 지식과 기술, 인간관계 등을 얻을 수 있었다고 말했다.

"어릴 때 나는 부모님 심부름 따위로 돈을 모아서 제설기를 구입했어. 동네에서 눈 치우는 사업을 시작하려고 말이야. 그때부터 지금까지 나는 사업에 필요한 교훈을 계속해서 배워왔고, 당연히 해가 갈수록 교훈들이 쌓여갔어. 덕분에 겉으로 확실해 보이는 사업 기회에서도 잘 보이지 않는 위험을 찾아내고, 가능성 없는 아이디어를 구별해 내는 날카로운 안목도 갖게 된 것 같아. 스포츠에 비유하자면 전체 게임의 흐름을 살피고 최종 점수가 어떻게 될지를 게임 초반에 미리 예측할 수 있게 된 셈이지. 그렇게 해서 실패를 최소화시킬 수 있었던 거야."

내 생각엔 켄이 실패를 미리 알아채기도 했지만, 그보다는 성공 가능성이 낮다는 사실을 스스로 인정할 만큼 자신에게 솔직했기 때문인 듯하다. 그리고 "나는 성과가 없는 길을 계속 걷지 않겠어"라고 말할 수 있는 자신감도 큰 역할을 했을 것이다. 잘못된 길에서 벗어날 용기가 없어 결국 실패하는 사람들이 얼마나 많은가?

"맞아. 나는 큰 실패를 피하기 위해 단기적인 차질은 기꺼이 인정하고 받아들이는 편이야."

"그러니까 넓은 의미로 보면 자네는 '실패를 걱정하지 않는 사람'이야."

켄은 반쯤은 웃고 또 반쯤은 찡그린 얼굴로 말했다.

"사실 나도 실패할까 봐 엄청 걱정하는 편이야. 물론 나를 마비시키고 짓누를 정도의 두려움은 아니지만. 그리고 어떻게 보면 실패에 대한 두려움이 나한테는 긍정적으로 작용하기도 해. 동기부여가 되고, 더 창의적으로 생각하게 되고, 에너지를 얻게 되지. 또 상황을 더 객관적이고 솔직하게 분석하게 되고, 문제가 생기면 기다리기보다는 즉시 해결하려 나서게 돼."

이들 세 사람의 경우에서 내가 주목한 것은 그들이 겪은 성공과 실패 사이의 본질적인 관계였다. 분명한 것은 성공이 곧 승리이고,

실패가 곧 패배라는 단순한 관계가 아니라는 사실이었다. 하워드는 이야기를 다 듣고 나서 이렇게 말했다.

"흔히들 성공과 실패라는 단어가 모든 사람들에게 똑같은 의미를 갖는다고 생각하지만 실은 그렇지 않아. 성공이나 실패를 판단할 수 있는 기준은 세상 어디에도 없어. 상황에 대한 기대치에 따라 판단이 크게 좌우되기 때문이지. 존 밀턴이 쓴 『실낙원』에 이런 구절이 나온다네. '때와 장소에 따라 마음이 변하는 것이 아니라 마음 자체가 자기 자리이니, 그 안에서 지옥이 천국일 수도, 천국이 지옥일 수도 있다.' 그러니까 기대에 따라 성공이나 실패에 대한 인식과 삶에 미치는 영향이 얼마든지 달라진다는 얘기야."

그는 개인적인 상황에 따라 성공과 실패에 대한 정의가 달라진다고 말했다. 예를 들어 어떤 사람의 투자 수익률이 2퍼센트라면 그는 성공적인 투자자일까, 아닐까? 그것은 그가 상승장에 투자했는지 하락장에 투자했는지에 따라 달라질 것이다. 우등반에서 B⁻를 받는 것과 열등반에서 A⁺를 받는 것 중 어느 쪽이 더 성공적일까? 또 누군가 일 년이 지나도록 피아노 소나타를 익히지 못했지만, 그래도 일주일에 한 시간 동안 연습하는 그 시간이 너무도 행복했다면 과연 실패일까, 성공일까?

"이처럼 어떻게 비교하느냐에 따라 성공과 실패에 대한 인식이 달라지지. 내 주변엔 자기 재산이 빌 게이츠의 1퍼센트에 불과하다며 스스로 가난하다고 생각하는 사람도 있다니까? 빌 게이츠의 1퍼센트면 수백만 달러나 되는데도 말이야!"

하워드의 목소리가 높아졌다.

"성공과 실패는 동전의 양면과 같아서 각각의 무게를 가늠하기는 쉽지 않아. 한쪽을 고려하지 않고서는 다른 쪽을 제대로 정의하기 어려워. 이렇게 보면 많은 사람들이 성공과 실패에 대해 모순적인 태도를 취하는 것도 당연하다네. 대부분의 사람들은 성공과 실패의 의미를 너무 일률적으로 받아들인 탓에 스스로 어려움에 처하곤 하거든. 내가 말하고자 하는 핵심은 다른 사람들이 성공과 실패를 어떻게 정의하건 거기에 얽매이지 말고, 제한된 틀에서 벗어나 자기만의 용어로 정의할 수 있어야 한다는 거야."

'자기만의 용어', '자기만의 정의'는 하워드가 입버릇처럼 하는 말이다. 성공도 실패도 결국은 자기 기준 안에서만 성립되는 용어인 것이다. 화가를 꿈꾸던 사람이 사업으로 성공했다 하더라도 늘 전시회를 맴돌며 한숨짓는다면 그것은 성공이 아닐 것이다. 반대로 애초에 자신이 진정으로 원하지 않은 일에서 실패했다 해도 그것은 실패가 아니다. 성공과 실패는 자신이 남기고픈 유산에 따라 우선적으로 정의되어야 한다. 특히 하워드는 자기만의 용어로 성공과 실패를 정의할 때 현재와 미래에 초점을 두어야 한다고 말했다. 지금 자신의 위치와 내일 자신이 도달하고 싶은 위치에서 성공과 실패를 바라보아야 한다는 것이다. 인생은 끊임없는 변화의 연속이다. 그 변화에 따라 일부 목표를 달성하고 새로운 목표를 세워가면서 성공과 실패 역시 새롭게 정의해야 한다.

2011년 8월 스티브 잡스가 지병으로 애플에서 물러났을 때 「보스턴 글로브」지는 대단히 흥미로운 기사를 내보냈다. '실패를 딛고 전진하다'라는 제목의 그 기사는 이렇게 시작된다. '스티브 잡스만큼 실패를 성공적으로 극복한 사람은 없었다. 그는 몇 번이고 실패를 경험했고, 때로는 극적일 만큼 엄청난 실패를 겪었다. 그는 크게 실패한 제품을 선보였을 뿐만 아니라 심지어 아무런 성과도 없는 사업에 발을 들여놓기도 했다. 비록 성공한 사람이지만 어쩌면 그토록 끊임없이 실패가 따라다닐 수 있단 말인가?'

　실패만 따라다닌 게 아니다. 사실은 '실패 속에 내재된 성공의 씨앗'도 함께 따라다녔다. 대실패로 유명한 리사 컴퓨터는 훗날 매킨토시의 성공으로 이어졌다. NeXT 컴퓨터도 시장에서 좋은 반응을 얻지는 못했지만, 그 운영체제는 오늘날 일반적인 맥 소프트웨어의 기초가 되었다. 아이팟을 결합한 라커폰ROKR phone은 크게 실패했지만, 그 개념은 결국 아이폰으로 진화했다. 무엇이 성공이고 무엇이 실패일까? 마치 자신의 꼬리를 물고 있는 뱀처럼 성공과 실패는 하나로 연결되어 있는 것 같다.

　기사 말미에는 하워드가 그의 학생들과 가족에게 심어주고자 했던 중요한 가르침이 담겨 있었다. 바로 '실패에는 성공의 씨앗이 담겨 있으며, 성공에도 역시 실패의 씨앗이 담겨 있다'라는 교훈이다. 잡스가 세상을 떠난 지금, 그가 남긴 교훈은 하워드의 말처럼 '실패에 담긴 성공의 씨앗'이라 말할 수 있을 것이다.

성공과 실패는 둘 다 일종의 전환점이며 그에 따른 영향으로 인해 저도 모르게 원하던 삶의 궤도에서 벗어나기도 한다. 특히 성공에 가속도가 너무 붙으면 핸들을 미처 돌리지 못해 자신이 의도하지 않았던 방향으로 향하기도 한다. 예를 들어 당신이 새로운 직업을 얻고 뛰어난 능력을 발휘하며 성공가도를 달린다고 생각해 보자. 이제 당신은 더 많은 돈을 벌고 더 오랜 시간 일하게 된다. 위로 올라갈수록 경쟁은 치열해지고 당신은 성공을 유지하기 위해 더 열심히 앞으로 나아간다. 그러다 어느 날 정신을 차려보면, 일 중독자가 되어 가족과의 약속을 지키지 못하거나 원하던 일과는 사뭇 동떨어진 일을 하고 있는 자신을 발견하게 된다. 하워드는 이를 일컬어 '레드 카펫이 깔린 구덩이'라 불렀다.

"힘들이지 않고 일하면서도 충분한 보상을 받게 된다면, 더 이상 그 일이 즐겁지 않은데도 지속하려는 유혹에 빠지게 돼. 하지만 언젠가는 자신이 편안한 구덩이에 너무 깊이 들어와 있다는 사실을 깨닫게 되지. 구덩이 주변은 가파르고 미끄럽게 변해서 빠져나오려면 초인적인 노력이 필요하고, 결국 그대로 갇히게 되는 거야."

물론 실패로 인해 경로를 이탈하는 경우가 더 많다. 가장 큰 이유는 우리가 실패의 원인을 잘못 생각하고, 잘못된 교훈을 얻기 때문이다. 이에 대해 하워드는 '실패의 세 가지 유형'을 예로 들며 설명했다. 그는 '통제할 수 없는 외부요인으로 인한 실패', '통제할 수 있는 내부요인으로 인한 실패', 그리고 '성공으로 포장된 도덕적 실패'가 있다고 말했다.

"실패에 효과적으로 대처하는 첫 번째 비결은 이 세 가지 가운데 어떤 종류의 실패인지부터 인식하는 거야. 그러기 위해서는 객관성, 솔직함, 그리고 결점을 인정하는 용기가 필요해. 하지만 무엇보다 중요한 것은 '이 실패로 인해 내가 추구하는 방향을 바꾸어서는 안 된다'라고 말할 수 있는 자신감이야. 구태여 에디슨이나 라이트 형제까지 들먹일 필요도 없이 성공한 사람들 아무나 붙잡고 그들의 실패담에 대해서 물어보게. 그러면 다들 이렇게 대답할 거야. '그건 나에게 꼭 필요했던 실패였다'라고. 똑같은 실패라도 쓸모 있는 실패가 있고 쓸모없는 실패가 있어. 둘 중 어느 것을 선택할지는 오직 단 한 사람, 자기 자신에게만 달려 있지."

하워드의 이 말은 얼마 전에 내가 만난 메건이라는 여성의 상황과 절묘하게 맞아떨어진다. 헬스케어 기업의 간부인 그녀는 실패의 외부요인과 내부요인을 구별하는 데 많은 시간을 써야 했다.

그녀는 명문 대학과 대학원을 졸업한 뒤 대규모 헬스케어 회사에 입사해 중책을 맡아 나갔다. 그렇게 20년간 꾸준히 성장해 가던 그녀는 뜻하지 않은 난관에 부딪히고 말았다. 5년이 채 안 되는 기간 동안 세 번이나 해고된 것이다. 첫 번째 해고는 그녀의 상사가 회사를 나가고 부서가 재편되면서 생긴 일이었다. 두 번째 해고는 회사가 합병되어 경영진 전체가 해고되면서 그녀도 포함된 경우였다. 그리고 세 번째 해고는 첫 번째 상황이 약간 변형된 것으로 새로운 상사가 메건의 능력과는 다른 능력을 가진 직원을 원했기 때문이었다. 이유야 어떻든 메건은 큰 좌절과 혼란을 느꼈고, 자신의 인격이나 역량에 문제가 있는 게 아닌가 하는 의문을 갖게 되었다. 한동안 그녀는 물리치료사가 되기 위해 학교로 돌아가는 것을 진지하게 고민하기도 했다. 하지만 새로운 길로 막 들어서려는 순간, 예전 동료로부터 그녀를 채용하고 싶다는 전화가 걸려왔다. 메건의 역량에 꼭 맞는 아주 좋은 일자리였다. 그녀는 이 일을 계기로 자신의 관점이 달라졌다고 말했다.

"무엇보다 '실패'라는 것을 좀 더 객관적으로 바라볼 수 있게 되었죠."

메건이 자신에 대한 재평가로 고민하고 있을 때, 하워드라면 그녀에게 이렇게 말했을 것이다.

"당신은 능력을 잃은 것이 아니라 단지 용기를 잃었을 뿐입니다. 숨을 깊이 들이쉬고 머릿속을 비워봐요. 그리고 당신의 능력을 의심하는 대신 입사할 회사의 안정성을 제대로 판단할 방법에 대해 생각해 봐요."

에머슨은 '역경이 반드시 나쁜 것만은 아니다. 현명하게 배우는 사람에게는 그것이 기회가 될 수도 있다'라고 말했다. 또한 아우렐리우스는 '첫 번째 원칙은 평온한 마음을 유지하는 것이다. 두 번째 원칙은 상황을 똑바로 마주하고 정확히 이해하는 것이다'라고 말했다.

시련과 실패로 인해 절망에 빠진 사람에게 감상적인 위로는 도움이 되지 못한다. 세상이 온통 어둡게만 보이는 그 순간이야말로 오히려 눈을 더 크게 떠야 할 때이다. 만일 당신이 실패의 구덩이에 빠졌다고 생각된다면 하워드의 말에 귀 기울여볼 필요가 있을 것이다.

"성공과 실패를 결정하는 것은 오로지 관점과 분석의 문제입니다. 이는 복잡한 춤을 추는 것과 같습니다. 열정적으로 추구하고 최선의 노력을 다하며, 앞으로 나아갔다가 다시 뒤로 한 걸음 물러나 목표에 비추어 결과를 평가하고, 또다시 시작함으로써 당신의 춤은 점점 완성되어갈 것입니다. 보이는 것을 그대로 믿지 마세요. 겉으로 실패한 것처럼 보이는 상황에서도 '보이는 것 이상'을 발견해야 합니다. 성공과 실패에 의문을 갖는 행동이야말로 전진하는 움직임을 만들어낸다는 사실을 기억하세요. 그래야만 잠재된 동기부여 에너지를 끌어내고 당신이 원하는 모습을 향해 나아갈 수 있습니다. '실패를 딛고 전진하는 것'은 긍정적인 작용이며, 이것은 '성공으로 인해 후퇴하는' 인간 고유의 특성을 보완하여 균형을 이루게 됩니다. 당신이 어떤 경력을 추구하건, 자신에 대한 솔직함과 자신감 사이에서 적절한 균형을 잡을 때 비로소 성공의 씨앗이 움트고 자라날 것입니다."

'되고 싶은 나'를 향한 삶의 균형 잡기

주변이 아무리 산만하고 상황이 시시각각 바뀌더라도
날카로운 균형감각을 유지한 채 용기 있게 한발 한발 내디뎌야 해.
그것도 계속해서 저글링을 하면서 말이야.
일생에 걸친 도전이란 바로 그런 거야.

"균형 잡힌 시선을 지닌 자는
가장 매혹적인 걸음걸이로 자신의 생을 거닌다."

레이철 카슨

Howard's Gift

"에릭!"

새벽 4시, 난데없이 제니퍼의 비명이 들려왔다. 함께 살아오는 동안 한 번도 들어본 적이 없는 목소리였다.

"제니퍼, 무슨 일이야?"

"911, 911을 불러줘!"

아내는 잔뜩 겁에 질려 있었다. 나는 깊은 잠에서 방금 깨어난 터라 도대체 무슨 일이 벌어지고 있는지 얼른 알아채지 못했다. 그러나 곧이어 불길한 직감이 몰려왔다.

'태아가 위험하구나!'

둘째아들을 임신한 제니퍼의 양수가 15주나 일찍 터진 것이다. 911에 전화를 걸고 부랴부랴 옷을 껴입은 뒤 아내를 구급차에 태우기까지는 약 30분이 걸렸다. 그것은 내 생애에서 가장 길고 무서운

30분이었다. 구급차는 2월의 차가운 새벽길을 전속력으로 달렸다. 병원에 도착하여 아내를 응급실로 들여보내고 나자 온몸의 힘이 순식간에 빠져나갔다. 나는 복도의 벤치에 쓰러지듯 걸터앉았다.

그때까지만 해도 집과 직장에서의 모든 일이 술술 풀려나가고 있었다. 초등학교 교사인 제니퍼는 선생님 역할과 엄마 역할을 동시에 훌륭히 해나갔고, 세 살배기 큰아들 다니엘은 하루가 다르게 무럭무럭 자라고 있었다. 직장생활도 만족스러웠다. 사실 그날도 라스베이거스에서 장시간에 걸친 협상 끝에 두 상장회사 모두에게 '역사적인' 제휴를 성공시키고 돌아온 터였다. 가정과 회사뿐만 아니라 이 책을 쓰는 일까지, 그야말로 시간을 잘 배분해 가며 여러 상황들을 멋지게 통제하고 있었던 것이다. 그런데 2월의 새벽, 그 정교하게 유지되던 삶의 균형이 한순간에 산산조각 나고 말았다. 시간 관리는 실패하고 통제력도 온데간데없이 사라졌다.

잠시 후 제니퍼의 담당의사가 나를 불렀다. 그는 우리 아기가 700그램도 안 되며, 비슷한 상황에 처했던 엄마들 대부분이 일주일 내에 아기를 낳았듯이 제니퍼도 바로 출산하게 될 가능성이 크다고 설명해 주었다. 나는 절망적인 심정이었다.

"아기가 예정일보다 석 달이나 빨리 나오려 해도 막을 방법은 없습니다. 그러니 시간이 얼마나 걸리건 아이를 출산할 때까지 병원에 입원해 있어야 합니다."

응급실에서 병실로 옮기는 동안 제니퍼와 나는 손을 꼭 붙잡은 채 두려움에 떨고 있었다. 푸근한 인상의 간호사가 우리를 보더니 이렇게 말했다.

"아기는 엄마 뱃속에서 잘 버티고 있어요. 그러니 엄마 아빠도 그 사실에 감사하고 희망을 가지셔야죠."

그것은 우리에게 가장 필요하고도 값진 조언이었다.

제니퍼가 얼마나 입원해 있어야 할지는 오로지 뱃속의 아기에게 달려 있었다. 의사들은 일주일 이내라고 했지만, 결과적으로 우리 가족의 긴 여정은 두 달간이나 계속되었다. 제니퍼는 8주 동안 의사들의 권고에 따라 하루 23시간 30분씩 꼼짝없이 침대에 누워 절대 안정을 취해야 했다. 처음에 나는 제니퍼의 눈물겨운 노력이 과연 성공을 거둘 수 있을지 의문이었지만, 아기는 모든 역경을 이겨내고 61일이나 더 엄마 뱃속에 머물러주었다.

의사들은 이구동성으로 말했다.

"이건 극히 드문 기적입니다."

2월의 새벽에 느닷없이 병원으로 달려온 날부터 나는 일찍이 겪어본 적 없었던 두려움을 느꼈다. 그 두려움은 회사 일을 비롯해 집을 보러 다니기로 했던 우리의 계획이며 이 책을 쓰는 일까지, 몇 시간 전만 해도 내가 집중하고 있었던 많은 일들을 순식간에 무의미하게 만들어버렸다. 이제 나의 관심은 오로지 아내와 뱃속의 아기, 그리고 아침마다 엄마 아빠 대신 할머니를 찾게 될 큰아이에게만 쏠리게 된 것이다.

그로부터 이틀 뒤인 월요일 아침 6시, 나는 비로소 현실을 깨닫기 시작했다. 앞으로 얼마나 계속될지는 알 수 없지만 당분간은 나의 모든 이성과 감성, 그리고 시간 할당의 우선순위를 근본적으로 다시 생각해야 했다. 상황이 완전히 바뀐 것이다. 어쩌면 입원 기간이 여러 달까지 연장될 수도 있기 때문에(물론 그건 뱃속의 아기를 위해 정말로 바라는 바이지만) 나는 앞으로의 우선순위들을 전면적으로 재구성해야 했다.

나는 잠시도 제니퍼 곁을 비워둘 수가 없었지만, 동시에 아내의 빈자리를 채우기 위해 이제 겨우 걷기 시작한 다니엘의 운전기사 역할을 해야 했다. 친구 생일잔치에 같이 가주거나 놀이터에서 시소를 타는 등 녀석의 일과를 모두 챙겨야만 했다. 나는 그동안 제니퍼가 학교 일과 동시에 이 많은 일들을 '매일매일' 거의 완벽하게 해나가고 있었다는 사실에 그만 혀를 내두르고 말았다. 이런 기본적인 의무만으로도 삶의 다른 측면들을 돌볼 여력은 사라질 터였지만, 우리에게 닥친 새로운 상황을 이겨내려면 모든 것을 뒤로 미뤄둘 수밖에 없었다.

첫날부터 나는 모리스타운 의학센터로 아예 거처를 옮겨 제니퍼의 병실에 있는 접이식 간이의자에서 잠을 잤다. 우리는 가능한 한 임신 상태를 오래 유지할 수 있도록 밤낮으로 간절히 기도했다. 처음 몇 주일 동안 나는 새로운 상황에 적응하느라 회사 일에는 전혀 신경 쓰지 못했다. 그러다가 바뀐 일상에 다소 익숙해졌을 때쯤에야 병원 구내식당 한구석을 업무 공간으로 삼아 노트북과 휴대전화 두 개를 식탁에 올려놓고 조금씩 업무를 보기 시작했다. 고객들과는 전화나 이메일로 연락을 주고받았고, 매주 한 번씩 직원들을 병원으로 불러 회의를 했다. 병원 밖으로 나가는 시간은 아이를 어린이집이나 양가 부모님 댁에 데려다주고 데려오는 등 오로지 다니엘을 돌보는 시간뿐이었다.

스스로 통제할 수 없었던 이 상황들은 임신 34주차에 접어든 어느 날, 둘째아들 마이클이 태어나면서 모두 끝이 났다. 어찌 됐든 우리는 이 감동적인 61일을 무사히 이겨낸 것이다. 산모와 아기는 모두 건강했고 다니엘도 다시 엄마 품에 안길 수 있게 되었다. 그리고 흐트러졌던 생활의 균형도 조금씩 제 모습을 되찾아가기 시작했다.

만일 시간이란 것이 석유나 황금처럼 땅에서 캘 수 있는 물질이라면 아마 세상의 모든 땅이 죄다 파헤쳐졌을 것이다. 시간은 「포춘」지 선정 500대 기업에서부터 동네 빵집에 이르기까지 모든 조직과 개인을 막론하고 가장 중요한 자원이다. 무슨 일을 하건, 어떤 목적을 갖고 있건 시간을 효과적으로 관리하지 못한다면 원하는 결과를 얻기란 힘들 것이다. 하지만 그 잊을 수 없는 61일간의 특별한 기간이 끝난 지금, 나의 비전을 실현하는 데 있어 '시간의 제약'이 얼마나 어려운 해결과제인지 뼈저리게 느끼고 있다.

우리 모두 언젠가는 죽을 것이고, 하루 24시간이라는 제한된 할당량은 영원히 변하지 않을 것이다. 필생의 일을 추구하기 위해서는 우리에게 주어진 시간을 성공적으로 배분해야만 한다. 그래서 우리는 계획이란 것을 세운다. 하지만 계획대로 살아가는 것 또한 만만치 않은 일이다.

'신의 비웃음을 사려면 계획을 세워라.'

친구가 알려준 이 오래된 속담처럼 삶을 계획대로 사는 것은 인간의 능력 밖의 일인지도 모른다. 살다 보면 때때로 비정상적이고 예기치 못한 사건들이 사방에서 뻥뻥 터지지 않는가? 시간과 에너지를 계획대로 통제하고 관리할 수 있다는 생각은 어쩌면 환상일지도 모른다. 그렇다면 어떻게 해야 할까? 이 질문에 대해 하워드는 새로운 관점을 내놓았다.

"그렇게 비정상적이고 예측 불가능한 사건들을 다른 식으로 표현해 보는 건 어때? 이를테면 전환점이라고 말이야."

하워드와의 산책 토크가 다시 시작된 것은 둘째가 태어나고 내 생활이 정상으로 돌아온 지 몇 주일 지나고부터였다. 그는 내가 얼마나 혼란스러운 시간들을 보냈을지 충분히 짐작한다며 그것 역시 일종의 전환점이라고 말했다.

"인생의 불가피한 전환점들을 맞아 어떻게 대처할지 미리 고심한다면 우리는 시간과 에너지를 최대한 아낄 수 있을 거야."

그래서 그는 계획대로 살아가는 것 못지않게 깊은 사색이 필요하다고 말했다. 잠시 멈춰 서서 시간을 비롯한 소중한 개인적 자원들을 어떻게 써야 할지 생각해야 한다는 것이다.

"말씀은 이해하지만 솔직히 현실적으로 너무 어려운 일입니다.

무엇보다 선택의 폭이 너무 넓어요. 주어진 시간이나 체력, 정신력, 지적 에너지를 배분하는 과정에서 여러 가지 경우의 수를 생각해야 하고, 또 고려해야 할 요소들이 늘어날수록 선택은 점점 더 어려워집니다. 이렇게 어려운 선택을 통해서 '일과 삶의 안정된 균형'을 찾기가 어디 그렇게 쉬운 일이겠습니까?"

그러자 하워드는 인상을 찡그리며 이렇게 말했다.

"어째서 '삶의 균형'이란 것을 고정된 개념으로만 생각하지? 마치 꼼짝 않고 서서 9킬로그램짜리 우선순위들을 양손에 나누어 든 채 완벽하게 균형을 잡고 있는 것처럼 말이야."

하워드가 묘사한 서커스 같은 형상은 상상만 해도 답답했다.

"움직이지 않는 조각상이라면 그렇게 할 수도 있겠지. 하지만 우리는 늘 앞으로 나아가잖아? 우리가 한 걸음씩 옮길 때마다 목표와 우선순위의 상대적인 중요성도 계속해서 변할 수밖에 없어. 그러니까 균형이란 말을 정지된 명사가 아닌 역동적인 동사로 생각해 봐."

"그럼 9킬로그램짜리 우선순위들을 양손에 들고 한 발짝씩 움직여야 한단 말인가요?"

하워드는 고개를 저으며 말했다.

"아니, 그보다 더해. 서커스에서 어릿광대가 평균대 위를 걸어 다니며 달걀이니 테니스공이니 칼 같은 걸로 저글링하는 이미지를 떠올려야 할 거야."

"그거 참 기이한 비유로군요. 왜 꼭 그런 이미지여야 하죠?"

"왜냐하면 전술적인 선택을 제대로 하려면 주변이 아무리 산만하고 상황이 시시각각 바뀌더라도 날카로운 균형감각을 유지한 채 용기 있게 한발 한발 내디뎌야 해. 그것도 계속해서 저글링을 하면서 말이야. 일생에 걸친 도전이란 바로 그런 거야."

그리 간단한 비유는 아니다. 하지만 우리의 삶은 그만큼 복잡한 것이다. 나는 잠시 하워드가 심어놓은 저글링 영상을 머릿속으로 재생해 보았다.

우리는 매일매일 평균대 위에서 저글링을 한다. 퇴근 후 고객들과의 술자리에 참석해야 할지, 아니면 곧장 집으로 가서 가족들과 시간을 보내야 할지 망설일 때도 우리는 저글링하면서 균형을 찾으려 애쓴다. 혹은 회사에서 인정받기 위해서는 야근을 해서라도 업무를 마무리 지어야 하지만, 한편으로는 경영학 석사 과정이며 약혼자와의 만남, 친구들과의 약속까지도 저울질해야 한다. 하나를 선택하면 다른 하나를 잃는 상황이다. 하고 싶은 일을 다 하면서 동시에 자신이 원하는 모습을 추구하려는 노력들은 종종 스트레스로 다가온다. 특히 친구의 문자나 고객사의 이메일에 즉시 답해 주는 것을 당연하게 여기고, 자신에게 주어진 엄마, 아빠, 아내, 남편, 공인회계사, 요가 수강생, 교회 바자회 주최자 같은 여러 역할들을 모두 훌륭하게 해내야만 한다고 생각하는 오늘날의 문화 속에서는 더욱 그렇다. 이런 상황은 여배우 릴리 톰린Lily Tomlin이 남긴 유명한 명언을 떠올리게 한다.

'쥐들의 경주가 지닌 문제점은, 설령 당신이 이긴다 해도 당신은 여전히 쥐라는 사실이다.'

오, 제발! 쥐들의 경주에서 벗어날 방법은 없을까?

✽ 🎎 ✽

너무 오랜만에 만난 탓일까? 대화가 자주 끊어지는 느낌이었다. 하워드는 내가 묻는 말에만 대답했고, 나는 나대로 생각에 깊이 빠져드는 바람에 산책 토크라는 이름이 약간 무색해진 면이 없지 않았다. 하워드는 이따금 멈춰 서서 손바닥을 나무에 갖다 대보기도 하고 바닥에 떨어진 나뭇잎을 주워 킁킁 맡아보기도 했다. 그러다가도 갑자기 생각났다는 듯 끊어진 이야기를 이어가곤 했다.

"19세기 화가인 드가는 성공을 '공황상태'로 비유했더군. 사람들은 누구나 성공적인 삶을 위해 바쁘게 살아가지만, 정작 삶에서 무엇이 빠져나가고 있는지에 대해서는 깊게 생각하지 않는다는 거야. 무작정 열심히, 빨리 달리다가 뜻밖의 사건이라도 터지면 그제야 달리기를 멈추고 '내가 도대체 뭘 하고 있는 거지?' 하고 어리둥절해하지."

"맞아요. 저도 제니퍼가 입원했을 때 그런 생각이 들더군요."

"그랬겠지. 그래서 저글링을 성공적으로 하고 있는지 항상 점검해 봐야 해. 내가 지금 왜 이런 방식으로 시간과 에너지를 사용하고 있는지."

성공적으로 균형을 잘 잡아가며 저글링하는 것은 어떤 느낌일까? 직업이라는 평균대를 걸으면서 과연 내가 제대로 하고 있는 건지 어떻게 알 수 있을까?

나는 하워드의 다음 말을 기다렸지만 의외로 침묵이 길어졌다. 아무래도 오늘의 산책 토크는 생각보다 일찍 끝날 것 같은 예감이 들었다.

그가 침묵하는 동안 내 머릿속에는 병원에서 보냈던 시간들이 하나둘씩 떠오르고 있었다. 그 기간 동안 하워드와 나는 전화로 대화를 나누곤 했다. 그때마다 그는 제니퍼의 건강과 뱃속의 아기는 물론 나의 상태까지 꼼꼼히 묻고 염려하며 따뜻하게 격려해 주었다. 그런데 정작 오랜만에 만나 산책을 하고 있는 지금, 이 순간까지 하워드는 제니퍼와 둘째아이에 대해 아무런 언급이 없었다. 오로지 저글링에 대해서만 관심을 쏟고 있는 것 같았다. 그때 하워드가 다시 입을 열었다.

"우리는 삶의 다양한 차원에서 다양한 자아를 추구해 가면서 조금씩 조금씩 '되고 싶은 나'의 모습을 만들어나가고 있지. 저글링을 잘한다는 건 그런 식으로 내가 원하는 퍼즐 조각을 성공적으로 맞춰간다는 뜻이야. 우리는 그 과정 자체에서 전반적인 만족감을 느낄 수 있어야 해."

"전반적인 만족감이요? 그건 정말 어려운 과제가 아닌가요?"

"아니, 그건 늘 완벽하게 만족한다는 뜻이 아니라 대체적으로 만족한다는 의미야. 이 점이 중요해. 삶의 모든 분야에서 완전한 만족감을 느끼는 사람을 나는 한 번도 본 적이 없어. 오히려 모든 것이 다 채워진 상태야말로 가장 위험하지 않을까?"

"하지만 누구나 그런 상태를 추구하잖아요."

"가득 채워진 상태가 궁극적인 목적지가 되어서는 안 돼. 세상만사는 항상 밀물과 썰물이 있는 법이니까. 꽃이 피면 반드시 지는 것처럼 영원한 행복과 만족을 기대한다는 건 어리석은 일이야. 우리를 살아가게 하는 건 가득 찬 항아리가 아니라 그 속의 비어 있는 여백이라고 봐야 해. 그래서 훌륭한 건축가는 여백에 대한 계획부터 세우고, 작곡가는 쉼표의 쓰임새를 먼저 고민하는 거야. 나 역시 항상 100퍼센트 행복할 거라고 기대하지는 않아. 다만 매일매일 어떤 부분에서만큼은 행복하길 바랄 뿐이지."

하워드의 말에 귀를 기울이고 있던 나는 문득 우리가 예전과는 다른 코스로 걸어가고 있다는 사실을 알아챘다. 찰스 강 대신 새로 생긴 노천카페 쪽으로 발걸음을 옮기고 있었던 것이다.

"다시 만난 기념으로 커피 한잔 대접하고 싶습니다."

그러자 하워드는 씩 웃으며 햇볕이 잘 드는 자리에 가 앉았다. 나는 커피를 주문하자마자 질문을 던졌다.

"방금 '다양한 차원'과 '다양한 자아'라는 용어를 쓰셨잖아요. 그게 어떤 의미인가요?"

그러자 하워드는 대답 대신 탁자 위에 놓인 노란색 설탕봉지를 한 뭉치 꺼냈다.

"개인마다 차이는 있겠지만, 내 생각에 우리 대부분은 일곱 가지 자아를 저글링하고 있지 않나 싶어."

그는 탁자 위에다 노란 설탕봉지들을 일렬로 배치하고는 거기다

'가족적 자아, 사회적 자아, 영적 자아, 육체적 자아, 물질적 자아, 여가적 자아, 직업적 자아'라고 일일이 명칭을 적기 시작했다.

"선생님, 경제적 자아는 일부러 빼신 건가요?"

"눈치 한번 빠르군. 사실 돈이란 건 다양한 자아를 실현하는 데 필요한 여러 자원들 중 하나일 뿐이야."

하워드는 일렬로 늘어선 일곱 개의 설탕봉지를 만족스럽게 내려다보며 내게 물었다.

"에릭, 자넨 어떤 사람이 되고 싶나?"

"예?"

그는 내 대답은 듣지도 않고 '직업적 자아'라고 적힌 설탕봉지를 내밀며 두 번째 질문을 했다.

"이 자아를 얼마나 많이 경험하고 싶은가?"

나는 생각에 잠기기 시작했다. 그때 세 번째 질문이 날아왔다.

"이 자아는 다른 자아들에 비해 얼마나 중요한가?"

하워드는 이 세 가지 질문에 대한 대답이 우리로 하여금 정확히 무엇을, 어떻게 저글링해야 할지 알려준다고 말했다.

"아, 그런 다음에 각각의 자아를 저글링하는 데 얼마나 많은 개인적 자원을 사용할지 결정하는 거죠, 그렇죠?"

내가 묻자 하워드는 설탕봉지를 손에 들고 저글링을 흉내 내며 이렇게 말했다.

"빙고! 그리고 각 자아들 간에 상대적 중요성을 평가해서 시간과 에너지, 돈을 분별 있게 할당해 가며 다시 균형을 잡는 거지."

그때 설탕봉지 하나가 바닥에 툭 떨어졌다. 하워드의 '설탕봉지 저글링'은 형편없었다. 그에게는 '자아'보다 설탕봉지 저글링이 훨씬 어려운 모양이었다.

"상황은 늘 변하게 마련이고, 그 변화에 따라 미묘하게 수정해 가는 역동적인 과정이 계속해서 순환하는 셈이지. 때때로 이 과정은 직감적으로 진행되기도 해. 걸을 때 다리나 몸통 근육이 무의식적으로 움직이면서 균형을 잡아주는 것처럼 말이야. 하지만 새로운 상황에 직면하거나 균형을 심하게 잃었을 때는 이 과정을 좀 더 의식적으로 수행해야겠지. 예를 들어 자네가 암벽 등반을 하는 중이라면, 앞뒤를 살펴보고 '좋아, 다음 암벽은 아래쪽으로 경사가 졌으니 오른쪽에 있는 크고 판판한 바위로 빨리 옮겨가야겠군!' 이렇게 말이야."

나는 탁자 위에 흩어진 설탕봉지들을 가리키며 물었다.

"이 작은 봉지 일곱 개가 자아라면, 차원은 뭐죠?"

그러자 하워드는 비어 있는 옆자리에서 파란색 설탕봉지를 잔뜩 집어왔다. 파란 설탕봉지가 없었다면 그는 대체 무엇으로 예를 들었을까, 문득 궁금해졌다. 하지만 하워드와 이야기를 나누다 보면 적절한 소도구들이 기막히게 나타나주곤 한다. 그는 일곱 개의 노란 설탕봉지 아래쪽에다 파란 설탕봉지들을 일렬종대로 보기 좋게 배열했다. 그런데 어떤 열에는 파란 봉지가 하나밖에 없었고, 어떤 열에는 여러 개가 있었다.

"각각의 자아들은 여러 가지 차원을 가질 수 있어. 예를 들어 나의

'가족적 자아'에는 네 개의 파란 봉지, 즉 아빠, 남편, 할아버지, 시동생이라는 차원이 있지. 마찬가지로 사회적, 공동체적 자아에도 친구, 직장 동료, 이사회 구성원 같은 차원이 존재할 거야."

"그렇다면 사람에 따라 파란색 봉지가 아주 적을 수도 있고, 엄청 많을 수도 있겠네요? 그리고 파란색 봉지가 늘어날수록 저글링해야 할 일이 많아지고, 끊임없이 우선순위를 매겨야겠죠?"

"그렇지, 차원이 늘어난다는 건 그만큼 능력과 지혜가 받쳐준다는 의미일 테고, 그게 우리 삶을 점점 더 흥미롭고 도전적으로 만드는 것 아니겠나?"

하워드는 빙그레 웃으며 대답했다.

우리는 잠시 앞에 놓인 노란색, 파란색 봉지들을 이리저리 배열하며 각자의 자아와 차원들에 대해 이야기를 주고받았다. 육체적 자아의 경우, 하워드의 말에 따르면 우리 둘 다 운동에 좀 더 시간을 투자해야 했다. 여가적 자아를 따지자면 하워드에게는 다양한 차원이 있었지만 나는 그렇지 못한 편이었다.

그때 마침 웨이터가 지나가다가 우리 탁자 위에 잔뜩 늘어서 있는 설탕봉지들을 보고는 두 가지 색깔을 아무렇게나 뒤섞어 다시 꽂아 넣으려 했다. 그러자 하워드가 말렸다.

"설탕봉지는 그냥 내버려 두시구려."

웨이터가 돌아가자 하워드는 설탕봉지들을 다시 이전처럼 배열하면서 말했다.

"또 하나 중요한 점을 웨이터 친구가 잘 보여줬구먼."

그리고 커피를 길게 한 모금 들이켜고는 이렇게 말했다.

"방금 봤다시피 각각의 자아와 차원은 서로 독립적이야. 모든 자아와 차원을 한 덩어리로 묶어 생각하다 보면 함정에 빠지기 쉬워. 그리고 이 함정에 한번 빠지고 나면 시간과 에너지를 어떻게 배분할지 결정하기가 너무 어려워지지."

"그건 나무만 보고 숲은 보지 못한다는 속담과는 정반대로군요. 크고 어둡고 빽빽한 숲만 보느라 나무 사이에 있는 길을 발견하지 못하는 경우니까요."

"아주 적절한 비유로군."

그가 말했다.

"일상 속에서 우리는 모든 과제를 한데 뭉쳐서 부분의 합보다 더 큰 덩어리로 만드는 경향이 있지. 그럼 당연히 길을 찾기가 어려워질 수밖에. 그러니까 살면서 균형을 잃거나 저글링을 하다가 하나를 놓쳤을 때일수록 각 부분들을 서로 떨어뜨려놓고 볼 수 있어야 해. 안 그러면 모든 게 너무 어렵게 느껴지니까 말이야."

하워드가 말을 마칠 즈음, 강의를 마친 한 무리의 젊은이들이 카페로 몰려오기 시작했다. 이제 일어나야 할 시간이었다. 하워드는 설탕봉지들을 색깔별로 다시 천천히 꽂아두고 있었다. 나는 이렇게 산책 토크가 끝날 때까지 그의 입에서 제니퍼와 둘째 이야기가 나오지 않은 것에 더 이상 서운해하지 않기로 했다. 말이 무슨 필요가 있겠는가? 나는 그가 나의 삶과 가족에 대해 늘 마음 쓰고 있다는 사실을 잘 알고 있었다. 그것만으로도 충분했다. 게다가 그는 누구보다 생각해야 할 것이 많은 사람 아닌가.

연구실로 돌아가는 동안 하워드는 두어 번 멈춰 서서 길가에 핀 꽃을 들여다보곤 했다. 그것은 심장마비로 병원 신세를 지고 난 뒤부터 생긴 또 하나의 버릇이었다. 확실히 그는 예전과는 뭔가 달라졌다. 말과 말 사이에 늘어난 침묵도 그렇고, 꽃이며 다람쥐, 구름 같은 것에 관심을 갖는 것도 그랬다. 내 시선을 눈치챘는지 하워드가 웃으며 말했다.

"요즘 나는 여가적 자아나 영적 자아에 꽤 비중을 두는 편이야."

걷다 서다를 반복해 가며 이야기를 나누는 동안 어느새 연구실이 있는 건물 앞까지 도착했다. 나는 벨보이처럼 달려가 현관문을 열었다.

"이제 들어가 보셔야죠. 저도 이만 가보겠습니다."

"그래, 잘 가게."

돌아서서 주차장 쪽으로 몇 걸음 걸어가는데 뒤에서 하워드가 소리쳤다.

"이봐, 에릭!"

내가 달려가자 하워드는 안주머니를 뒤적거리더니 손바닥만 한 작은 꾸러미를 꺼냈다.

"나이가 드니까 자꾸 깜빡깜빡하는구먼. 이거 가져가게."

"이게 뭡니까?"

"글쎄, '인생의 시작'이라고 부를까? 그럼 잘 가게나."

하워드가 연구실로 들어간 뒤 나는 그 자리에서 포장지를 뜯어보았다. 새하얀 아기 신발이 나타났다. 나는 한동안 멍하니 서서 손바닥보다 작은 그 신발을 만지작거렸다. 가슴속에서 뭔가 뜨거운 것이 치밀어올랐다. 산책을 하는 동안 이 노교수는 제자의 아기에게 줄 '인생의 시작'을 내내 품고 있었던 것이다.

당장의 만족보다는
'남기고픈 유산'을 향해 나아가라

금 1온스와 납 1온스의 무게는 같지만 본질적 가치는 다르지. 마찬가지로 딸에게 책을 읽어주는 1시간과 친구들이랑 포커를 치는 1시간은 본질적으로 다른 가치를 지닐 수밖에 없어. 그러니까 선택의 본질적 가치는 '내가 남기고픈 유산'에 얼마나 가까이 다가가게 해주는가에 바탕을 두어야겠지.

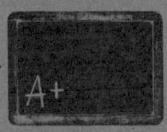

"사람의 일생은 돈과 시간을 쓰는 방법에 의해 결정된다.
이 두 가지 사용법을 잘못해서는 결코 성공할 수 없다."

다케우치 히토시

Howard's Gift

제니퍼가 입원해 있던 두 달 동안 나의 우선순위는 아주 분명했다. 아내와 다니엘, 그리고 아직 태어나지 않은 마이클이 가장 먼저였고, 나머지 일들은 모두 그 다음이었다.

나는 선택의 여지가 없이 내가 가진 거의 모든 시간과 에너지를 우선순위의 첫 번째 자리에 쏟아부었다. 하지만 늦은 밤 홀로 깨어 식당 구석의 탁자 앞에 앉아 있노라면 산더미처럼 밀려 있던 일들이 머릿속으로 한꺼번에 쏟아져 들어와 숨도 못 쉴 지경이었다. 물론 이 책에 대한 하워드와의 약속도 커다란 걱정거리 가운데 하나였다. 사실 병원에 머무는 동안 글을 써보려고 갖은 애를 써보았지만, 내게는 그런 힘이 하나도 남아 있지 않았다. 글쓰기에 필요한 자원까지 탈탈 털어 '좋은 남편', '좋은 아빠' 역할에 몽땅 써버렸기 때문이다.

마음의 짐이 점점 무거워지던 어느 날, 나는 마침내 하워드에게 전화를 걸었다.

"선생님, 죄송합니다. 지금은 도저히 작업을 할 수가 없습니다. 물론 선생님은 그것 때문에 상심할 필요 없다고 말씀하시겠지만, 그래도 마음은 여전히 편치 않습니다. 정말이지 이번 일로 실망시켜 드리고 싶지 않거든요."

수화기 저편에서는 잠시 침묵이 흘렀다. 곧 하워드의 부드러운 목소리가 들려왔다.

"자넨 그동안 많은 일들을 정말 잘해 왔어. 그래서 이런 상황에서도 무의식적으로 모든 일을 다 잘해야 한다고 생각하시? 내 분명히 말하지만, 나하고 한 약속 때문에 더 이상 불안해하지 말게. 자네처럼 성취 욕구가 강한 사람들일수록 우주 물리학의 법칙들을 바꾸지 못해 좌절한다는 걸 잊지 마."

하워드가 말한 '우주 물리학의 법칙'이 무슨 뜻인지는 알 것 같았다. 나는 늘 나 자신을 복제하고 싶다는 둥, 4시 59분과 5시 사이에 120분을 끼워 넣고 싶다는 둥 말도 안 되는 헛소리를 중얼거리곤 했다. 심지어 가족이나 동료, 친구들과 텔레파시를 통해 동시에 이야기할 수 있는 능력을 개발할 수는 없을까 고민한 적도 있었다.

"부와 성공을 거머쥔 사람들 중에 아침에 눈뜰 때마다 걱정 근심에 시달리는 이들이 얼마나 많은지 알면 놀랄걸? 오늘은 또 누구를 실망시키게 될까, 뜻밖의 변수들은 또 얼마나 닥쳐올까. 그러면서 퇴근하고 집에 돌아올 땐 여전히 해결해야 할 짐들을 한 보따리씩

젊어지고 온단 말이야. 그 모든 걸 동시에 다 할 수 있을 거라는 착각은 도대체 어디서 생겨난 걸까? 어째서 아직도 전 과목에서 A학점을 받아야만 직성이 풀리는 범생이처럼 굴지?"

하워드의 말을 듣다 보니 예전에 강의실에서 스승과 제자로 처음 만났던 때가 떠올랐다. 나는 한결 가벼워진 기분으로 그에게 농담을 던졌다.

"선생님, 지금 저는 몇 점짜리 학생인가요?"

"오호라, 기특한 질문이로군. 가만 보자……, 일단 남편이자 아빠로서 자네의 그 한결같은 노력에는 A^+를 주고 싶구먼. 또 직업적인 면에서는 맡은 프로젝트를 그럭저럭 잘 수행하고는 있지만 큰 이득을 추구하지 않는다는 점에서는 C^+를 줘야겠지. 그리고 목소리가 피곤하게 느껴지는 걸 보니 건강관리는 D쯤? 단언컨대 한동안 운동도 안 했을 테지. 그리고 아들로서, 친구로서, 저술가로서는……, 미달이로군. 물론 지금은 그럴 수밖에 없는 상황이지만, 앞으로 만회할 기회는 얼마든지 있을 거야."

"그럼 선생님은 인생에서 몇 점을 목표로 하세요?"

"흠, 그런 질문을 하다니, 예상 밖인걸?"

그는 잠시 생각에 잠긴 듯 말이 없다가 이렇게 대답했다.

"일단 F학점만큼은 받고 싶지 않아. 그렇다고 A^+를 목표로 하지도 않고."

"제 생각엔 거의 A^+에 가까운 것 같은데요?"

"아부가 지나치군. 나는 솔직히 인생의 여러 분야에서 최소한 B^+

정도만 바랄 뿐이야."

"왜 A⁺를 목표로 하지 않으시죠?"

"좀 더 다양한 목표를 추구하고 싶어서겠지. 한두 가지 목표라면 기를 쓰고 달려들어서 A⁺를 받을 수도 있겠지만 그게 무슨 의미가 있겠나? 나는 모든 분야에서 어떡하든 A등급을 받으려고 고집하는 사람들을 많이 알고 있네. 하지만 대부분 얼마 못 가서 균형을 잃고 넘어지더군. 정신없이 저글링을 하다가도 몇 개씩 툭툭 떨어뜨리고 나면 금세 흐트러져."

"만일 떨어뜨린 것이 인간관계라든가 이루고 싶었던 꿈처럼 민감한 것들이라면 그 영향이 꽤 크겠군요."

"바로 그거야. 이제 마음의 짐이 좀 가벼워졌나?"

"당연하죠."

"아무튼 자네 생활이 정상으로 돌아왔을 때 좀 더 얘기를 나눠보세. 이제 그만 전화를 끊고 제니퍼한테 가보게. 내가 너무 오래 붙잡고 있었구먼."

둘째아이가 태어나고 하워드의 말대로 생활이 안정된 뒤부터 나는 다시 책 쓰는 일에 집중할 수 있었다. 그러던 어느 날 잡지를 읽다가 어느 기업의 전직 임원이 「포춘」지 선정 500대 기업들과 비영리단체의 리더들 앞에서 발표했던 연설문을 접하게 되었다. 카터 캐스트라는 사람이 쓴 그 연설문에는 특히 눈에 띄는 구절이 있었다.

그것은 일종의 깨달음이었습니다. 나는 다른 사람과 비교하여 세상을 보지 않고 오로지 나 자신의 영적, 지적 발전을 위해서 세상을 볼 수 있게 되었습니다.

'와, 이 사람도 하워드와 똑같은 생각을 하고 있구나!'
나는 무릎을 쳤다. 그리고 곧장 그에게 이메일을 보내 하워드와 내가 함께 준비하고 있는 책에 대해 간략하게 설명하고, 잠시 만나서 이야기를 나눌 수 있는지도 물었다. 놀랍게도 그는 즉시 답장을 보내왔다.
'이야기를 나누게 되어 정말 기쁘군요. 믿으실지 모르겠지만 저는 방금 하워드 교수님의 저서 『이젠 충분하다 Just Enough』를 다 읽었답니다.'
와우, 그를 꼭 만나야 할 이유가 하나 더 생긴 셈이다. 우리는 이틀 뒤에 스퀘어 카페에서 만나기로 약속했다. 한 시간 전만 해도 전혀 알지 못하던 두 사람이 하워드라는 매개를 통해 만나게 된 것이다. 나는 인터넷의 여러 검색도구를 통해 카터 캐스트라는 인물을 검색해 보기 시작했다.
일반적인 기준에서 봤을 때 카터는 개인생활이나 직장생활에서 매우 성공한 사람이었다. 네 살 때부터 수영을 시작한 그는 오랫동안 집중력과 자기통제, 의지력을 집중적으로 훈련한 끝에 뛰어난 수영 선수가 되었다. 기본적인 재능에 어마어마한 연습까지 더해 올림픽 대표 선발전에도 두 번이나 출전한 바 있었다. 그런 자질을 자산으로 삼아 그는 스탠퍼드 대학에서 학사 학위를, 그리고 노스웨스턴 켈로그 경영대학원에서 MBA 학위를 받았다. 학교를 졸업한 뒤에도 카터는 놀라운 집중력과 근면성, 총명함을 한껏 발휘하며 빠르게 승진 가도를 달렸다. 펩시에서 시작하여 일렉트로닉스 아츠, 블루나일 보석 회사를 거쳐 월마트닷컴의 대표이사가 되기까지 그는 한마디로 급성장하는 전자상거래 업계의 슈퍼스타였다.

"하지만 어느 날 아침, 세수를 하다가 저도 모르게 소리쳤습니다. '그만, 잠깐 멈춰! 뭔가 잘못됐어!' 하고 말이죠."

나와 만난 자리에서 카터는 손사래를 치며 말했다.

"어린 시절 수영을 시작했을 때부터 저는 투지가 넘쳤고, 늘 일등이 되고자 했습니다. 하지만 끊임없는 노력에도 엄연히 한계란 게 있더군요. 건강이 나빠졌고, 가족들도 마음고생이 심했습니다. 갈수록 공허한 느낌이 들었죠."

"그래서 어떻게 하셨습니까?"

그러자 그는 하워드가 너무도 좋아할 만한 대답을 내놓았다.

"뭐 어떡하겠습니까? 무조건 한 걸음 뒤로 물러나서 '생각'이란 걸 해봐야죠."

그는 경주마처럼 질주하며 이룩해 온 그 모든 성공 경력으로부터 정말로 한 걸음 물러났다. 그리고 지금까지 도대체 무엇에 이끌려 살아왔는지를 생각하기 시작했다. 내가 읽은 연설문이 바로 그런 성찰의 결과물이었던 것이다.

"솔직히 저는 수영 선수가 된 이후로 늘 미묘한 공포심을 느껴왔어요."

그가 말했다.

"노력이 충분하지 않아서 '최고'에 못 미치게 되는 건 아닌지 두려웠죠. 그것은 '현재의 나'와 '되어야만 하는 나'의 차이에서 오는 그런 불안감이었습니다. 그래서 나는 늘 다른 친구들보다 더 많이 배워야 하고, 동료들보다 돈을 더 많이 벌어야 했습니다."

나는 수영으로 다져진 그의 멋진 체격과 준수한 외모를 보며 그가 얼마나 열심히 달려왔는지를 충분히 짐작할 수 있었다. 하지만 그는 지난 시간들이 정말로 고단한 삶이었다고 고백하고 있었다.

"그런 불안과 공포를 철학자 버트런드 러셀은 '걱정 피로감'이라고 표현했더군요. 그리고 그런 심리야말로 '자신의 내면을 들여다보지 않고 남과 연결해서 보는 태도'에서 비롯된 일종의 시기심이라고 말했습니다."

카터가 설명했다.

"물론 인류 역사상 이런 감정은 계속 있어왔겠죠. 하지만 인터넷과 미디어가 발달하면서 남들과 비교해야 할 일이 엄청나게 많아진 겁니다. 생각해 보세요, 몇 백 년 전만 해도 한 대장장이의 솜씨는 같은 마을의 다른 대장장이하고만 비교됐을 뿐이잖아요. 하지만 지금은 전 세계의 모든 대장장이와 비교되고 있어요. 그러다 보니 일상생활에서조차 승자와 패자가 생겨나는 제로섬 상황으로 가고 있는 겁니다."

"그럼 이 제로섬 상황에서 벗어나려면 어떤 대안이 있을까요?"

"의식적인 노력이 필요합니다. 일단은 더 이상 제로섬 사고방식에 지배당하지 말아야 하죠. 그러기 위해서는 나의 삶과 타인의 성공을 비교하지 않도록 노력해야 합니다. 다른 사람이 설정해 놓은 가상의 메트로놈 박자에 맞춰 자기 삶을 살아갈 필요가 없다는 사실을 매순간 상기해야 합니다."

"카터 씨, 그렇다면 그런 생각들이 당신의 경력에 어떤 영향을 미쳤습니까? 변화가 있었을 텐데요."

사실 나는 그가 현재 철학, 사회학, 경영 관련 책을 광범위하게 읽고 컨설팅을 하면서 노스웨스턴 대학의 치유 담당 교수로 일하고 있다는 사실을 알고 있었다. 그는 이렇게 대답했다.

"제가 다시 경영 세계에 뛰어들게 될까요? 솔직히 잘 모르겠습니다. 장차 사업을 할 기회가 생기면 신이 날지도 모르죠. 하지만 다시 사업을 하게 된다면 지금까지와는 매우 다른 관점으로, 전혀 다르게 접근할 겁니다. 그리고 내가 경쟁할 유일한 대상은 나 자신이 될 겁니다. 지금은 그저 책을 읽고, 사색하고, 글을 쓰며 내 생각을 다른 사람들과 나눌 수 있다는 것만으로도 너무 행복합니다. 말씀드렸다시피 최근에 읽은 하워드 교수님의 책도 저한테는 굉장한 자양분이 되었죠."

"언제 기회가 되면 그분을 모셔서 함께 이야기를 나눠봅시다."

"저야 영광이죠."

나는 또 한 사람의 친구를 알게 되었다는 행운에 더없이 감사해하며 그와 악수를 나누었다.

* 🔔 *

오늘날 우리는 멀티태스커Multi Tasker가 되어야만 버틸 수 있는 사회에서 살고 있다. 매순간 더 높은 성과를 추구하는 문화 속에서 '당신은 할 수 있습니다'라는 광고 문구에 사로잡힌 나머지 우리는 커다란 착각에 빠져들고 있다. 하루에 쓸 수 있는 시간이 명백히 한정되어 있다는 사실을 잘 알면서도 목표를 전부 달성할 수 있다고 믿는 것이다.

하워드는 그동안 야망에 불타는 제자들이 성공을 향해 질주하는 모습을 지켜보면서 이처럼 '아무리 해도 부족하다고 느끼는' 문화에 대해 깊이 고민해 왔다. 그리고 그 고민의 산물로 『이젠 충분하다』라는 책을 썼다. 이 책에서 하워드와 공동저자인 로라 내시Laura Nash는 '모든 것을 완벽하게 성취하려는 시도의 위험과 함정'에 대해서 이야기하고 있다. 그리고 지금처럼 끝없이 노력해야 하는 문화가 바로 '유명인 문화'에서 비롯되었다고 주장한다.

유명인 문화에서는 성공 자체가 미화의 대상이며, 뭔가를 성취한다 해도 그것에 만족하기보다는 곧 또 다른, 더 높은 수준의 성취 목표를 설정하게 만든다. 이것은 마치 커다란 바위를 산 정상으로 밀어 올리고 또 밀어올려야만 하는 시시포스의 형벌과도 같다. 혹은 원하는 것이 코앞에 있어도 영원히 손에 쥘 수 없는 탄탈루스의 저주와도 같다. 유명인 문화에 사로잡히면 단순히 '잘하는 것, 발전하는 것, 행복한 것'만으로는 결코 만족할 수 없다. 왜냐하면 유명인처럼 되기 위해서는 모든 일을 남들보다 더 잘해야 한다고 믿기 때문이다.

"사람들은 끊임없이 남과 비교하면서 스스로 비참해지곤 해."

하워드가 말했다.

우리는 텅 빈 강의실에 단둘이 앉아 이야기를 나누고 있었다. 평소 같으면 찰스 강변을 따라 산책을 하고 있을 시간이었지만, 한겨울 세찬 눈보라가 몰아치고 있어서 어쩔 수 없이 실내 토크로 전환할 수밖에 없었다.

"어느 분야에서든 더 예쁘고, 더 부유하고, 더 매력적인 비교 대상이 늘 있기 마련이지. 누가 되었건 비교 대상은 하나같이 자기보다 더 좋은 부모이고, 더 헌신적인 배우자이며, 훨씬 다재다능한 사람일 수밖에 없어. 이렇게 자신을 유명인 문화의 잣대로 평가한다면 우리는 시작도 하기 전에 지고 말 거야. 다행히 자네가 만났던 카터라는 친구는 이런 사실을 스스로 깨달은 것 같군."

"하지만 선생님, 카터도 그렇지만 제가 보기엔 선생님이야말로 유명인처럼 너무도 많은 성취를 해온 장본인이시잖습니까?"

나는 마치 수강생처럼 손을 들고 말했다.

하버드 경영대학원의 제이 라이트 학과장이 어느 기념식장에서 하워드에 대해 이렇게 말한 적이 있다.

"하워드는 믿을 수 없을 만큼 에너지가 넘치는 사람입니다. 그는 쉬지 않고 굴러가는 공과 같으며, 우리 모두에게 끝없이 영감을 줍니다."

제이 라이트의 말처럼 하워드는 수십 년 동안 강의와 연구는 물론, 기업을 설립하여 성공적으로 경영해 왔다. 뿐만 아니라 NPR(미국 공영 라디오 방송 — 옮긴이)과 주요 환경단체 등 비영리단체의 발전을 이끌며 다양한 분야에서 능력을 펼쳐왔다. 하지만 하워드는 고개를 저었다.

"내가 무슨 슈퍼맨이나 되는 것처럼 말하는군."

그러면서 그는 자신의 '옛날이야기'를 다시 언급했다.

"내가 바우포스트Baupost라는 재무관리 회사를 설립했을 무렵일 거야. 아직 아이들이 어렸을 때인데 그때 나는 고작 C^+에도 못 미치는 아버지였지. 거의 모든 시간을 사무실에서만 보내고 출장도 많이 다녔거든. 하지만 적어도 집에 있을 때만큼은 최대한 아이들과 시간을 보내려고 노력했어. 그래서 무슨 일을 하고 있건 아이들이 부르면 무조건 달려간다는 규칙을 만들었지."

그 후 시간이 흘러 그는 40대 후반이 되었고 일은 순조롭게 진행되는 듯했다. 그런데 어느 날, 아내가 결혼생활을 포기하고 집과 가족을 뒤로한 채 훌쩍 떠나버렸다. 하워드와 세 아이들은 버림받은 기분에 휩싸이고 말았다.

"그전까지 나는 주어진 시간을 가족과 하버드, 그리고 바우포스트, 이 세 곳에 쏟아붓고 있었네. 그런데 이혼을 하고부터는 모든 시간과 에너지를 아이들에게 써야만 했지. 결국 뭔가 하나는 포기해야만 했어."

그래서 그는 바우포스트의 대표직을 그만두고 하버드 경영대학원에 남기로 결정했다. 바우포스트를 포기한 것은 아주 큰 손실이었다. 좋아하는 일과 수천만 달러에 달하는 예상 수익을 포기한다는 의미였기 때문이다. 결국 그는 자신이 창조한 세 명의 '인격체'를 키우기 위해서 자신이 키워온 '사업체'를 떠나야 하는 아이러니한 상황을 받아들일 수밖에 없었다.

"애비로서 너무나 당연한 선택 아닌가?"

그가 설명했다.

"바우포스트를 떠나면서 내 자존심과 지갑이 큰 타격을 받은 건 사실이지만, 그래도 아이들에게서 받는 감정적인 가치와는 비교할 수 없잖아."

하워드는 창가로 다가가 눈 덮인 교정을 바라보았다.

나는 그가 말한 '가치'에 대해서 다시 생각해 보기 시작했다. 그것은 우리가 무언가를 선택할 때 반드시 그에 대한 대가가 따른다는 뜻이었다. 하워드가 아이들과의 시간을 선택하면서 바우포스트의 대표직을 그만둔 것처럼.

"아이들과의 시간을 선택하는 건 쉬운 일이었지만, 바우포스트와 하버드 둘 중에 무엇을 포기할 것인가 하는 문제는 결코 쉽지 않았네."

하워드가 다시 칠판 앞으로 걸어오며 말했다.

"내가 가진 중요한 자원들 중에서 어떤 자원도 빈 항아리가 되지 않도록 균형을 잡아야 하는 건 맞아. 하지만 어느 하나를 선택해야만 한다는 건 결국 나머지 자원들 중 하나가 줄어든다는 뜻이잖아? 자, 이렇게 서로 가치가 엇비슷한 상황들 앞에서 무엇을 선택해야 할지 고민이 될 때는 과연 어떻게 해야 할까?"

그는 칠판에다 뭔가 둥그런 모양을 그리기 시작했다.

"사과를 그리신 겁니까?"

"이런 젠장, 오렌지잖아! 좋아, 내친 김에 사과도 하나 그리지 뭐."

하워드는 오렌지 옆에 사과를 그렸다.

"자, 이 두 개의 과일 중에서 사과주스를 짜야 한다면, 그 전에 과연 사과주스를 짜야 할 가치가 있는지 스스로 물어봐야겠지? 그 선택에 투자하는 시간과 에너지만큼의 만족을 얻을 수 있는지 말이야."

"진짜로 원하는 건 오렌지주스인데 굳이 사과주스를 짜느라 시간을 낭비할 필요는 없다. 이 말씀인가요?"

"바로 그거야. 과연 어떤 선택이 내가 추구하는 '자아'와 '차원'에 제대로 연결되는지를 살펴봐야 한다는 얘기지."

하워드는 사과와 오렌지를 쓱쓱 지우더니 이번엔 저울 하나를 그리기 시작했다.

"자, 여기 금 1온스와 납 1온스가 있지? 둘 다 무게는 같지만 본질적 가치는 엄청나게 다르잖아? 마찬가지로 딸에게 책을 읽어주는 1시간과 친구들이랑 포커를 치는 1시간은 본질적으로 다른 가치를 지닐 수밖에 없어."

"그런데 금이나 납의 가치야 이미 시장 가격으로 정해져 있지만, 자기 시간의 본질적 가치는 오로지 본인만이 결정하는 거잖아요."

내가 손을 들며 말했다.

"오호라, 거기 세 번째 줄에 앉은 학생! 보너스로 '별 스티커' 하나를 주지."

하워드가 나를 가리키며 농담을 던졌다.

"알다시피 뭔가를 선택한다는 것은 시간과 에너지를 투자해야 한다는 의미야. 그렇기 때문에 선택의 본질적 가치는 '내가 남기고픈 유산'에 얼마나 가까이 다가가게 해주는가에 바탕을 두어야겠지. 그런데 문제는, 좀 전에 얘기했듯이 우리가 추구해 나가는 여러 가지 다른 면들이 겉으로는 다들 가치가 엇비슷해 보인다는 점이거든. 그래서 선택에 따른 비용뿐만 아니라 그 선택으로 얻게 될 장단기 잠재가치를 계산해 봐야 해. 거기 손 든 학생, 말해 보게."

"그러니까 뭔가에 시간과 에너지를 쏟기 전에 먼저 왜 그것을 추구하는지, 그리고 그 결과물이 정말로 공들일 만한 가치가 있는지 판단해야 한단 말씀이죠?"

"자네, 오늘 수업 태도가 아주 좋군."

하워드는 이 질문이 실생활에도 다양하게 적용될 수 있다고 말했다. 예를 들어 직장에서 목표를 달성하고자 할 때는 이런 질문들이 필요할 것이다.

'35세 이전에 회사 임원이 되기 위해 치러야 할 대가는 무엇인가?'

'나는 어떤 이득을 기대하고 있는가? 35세에 이 목표를 달성한다고 했을 때 내가 기대하는 장단기 만족은 무엇인가?'

이 밖에도 여러 가지 개인적인 목표를 추구하는 과정에서도 비슷한 질문을 해볼 수 있다. 이를테면 교회의 집사가 되기 위해 엄격한 수련과정을 밟는다거나, 국제 아마추어 사교댄스 대회에 출전하려고 수년간 연습에 전념한다면 무엇을 포기해야 할까? 지금 혹은 미래에 얻게 될 개인적인 만족은 그에 따른 비용(일, 가족, 재정 상황 등등의 측면에서)을 넘어설 만큼 충분할까, 아니면 부족할까?

"질문을 두려워하지 말고 진짜 답을 찾아봐야 해."

하워드가 말했다.

"가슴에 손을 얹고 자기 자신에게 '우리끼리니까 솔직히 터놓고 얘기하자'고 말해 봐. 자신과의 진솔한 대화를 통해 얻을 수 있는 효과는 정말 굉장하지."

강의실 창밖으로 눈발이 서서히 잦아들고 있었다.

"에릭, 나가서 좀 걸을까? 오랜만에 눈을 밟아보고 싶군."

"잠깐만요, 선생님하고 한 시간 동안 눈길을 걷는 것이 과연 어떤 가치를 갖는지부터 생각 좀 해볼게요."

"흠, 그래? 그럼 충분히 생각해 보게."

"생각 끝났습니다. 굉장한 가치가 있을 것 같군요."

하워드는 웃음을 터뜨리며 강의실 문을 열었다.

밖으로 나오자 차갑고 신선한 겨울바람이 우리를 반겼다. 날씨는 제법 쌀쌀했지만 눈을 밟고 싶어 하는 하워드의 열정을 이기지는 못했다. 우리는 하얀 눈 위에 두 줄기 발자국을 남기며 걷기 시작했다.

"눈길 위의 산책을 선택하지 않았다면 우린 뭘 선택했을까?"

하워드가 물었다.

"따뜻한 카페에서 홍차를 마시거나 아니면 강의실에서 좀 더 많은 이야기를 했겠죠."

"그래, 선택의 폭이 넓지 않아서 그나마 수월하군. 하지만 인생 전반을 놓고 보면 매순간마다 선택해야 할 게 너무 많지 않나? 오늘날 우리가 겪는 스트레스 대부분은 모든 것이 너무 과하기 때문이야. 그 수많은 선택과 목표들을 생각해 봐. 그런데 우리는 그 모든 것을 정말로 지금 당장 해야만 한다고 생각한단 말이지."

나는 그 말에 동의했다. 슈퍼마켓에 장을 보러 가는 주부에서부터 대기업의 최고결정권자에 이르기까지, 우리는 하루에도 선택해야 할 것들이 너무 많다. 그런데 스트레스가 커질수록 우리는 '할 수 있는 것'과 '원하는 것'을 죄다 섞어서 지금 당장 '해야만 하는' 하나의 커다란 문제로 만들어버리는 경향이 있다. 그리고 그것이 또 다른 스트레스를 낳는다. 끝없이 자가증식하는 스트레스로부터 벗어나려면 '지금 당장!'이라는 주술에서부터 깨어나야 할 것이다.

"우리 어머니는 고등학교밖에 못 나왔지만 개척자 집안의 혈통답게 꽤 총명하고 명석한 분이셨지."

하워드는 잠시 회상에 잠겨 눈 덮인 캠퍼스를 바라보았다.

"어머니 말씀 중에 가장 기억에 남는 건 이거야. '하워드, 너는 원하는 모든 것을 얻을 수 있단다. 단, 한 번에 되지는 않을 거야.'"

하! 이보다 더 정확한 표현이 또 있을까?

"인도의 어느 승려도 비슷한 말을 했더군. '신은 당신의 소원을 들어주실 것이다. 당신 차례가 됐을 때'라고 말이야. 이런 말들은 결국 앞날을 중장기적으로 내다봐야 한다는 뜻이지만, 지금처럼 당장의 만족을 추구하는 사회에서는 결코 쉽지 않은 일이지."

하워드는 눈뭉치를 만들어 허공에 던지며 말했다.

"시간과 에너지를 어떻게 투자할 건지 선택할 때에는 '당장의 만족'보다는 남기고픈 비전을 향해 '당장 나아갈 수 있는지'를 두고 판단해야 해. 자네도 이제 곧 알게 되겠지만, 어린아이들은 배우는 속도가 엄청나게 빨라. 왜 그런지 아나?"

"글쎄요."

"한 번에 하나씩만 집중하거든. 잡념이 하나도 없어. 아이들은 당장 해야 할 일이 뭔지 알고 그것에만 몰입하기 때문에 결국 차례차례 원하는 걸 얻게 돼. 명심하게, 하나를 선택하면 전부 얻을 수 있지만, 모두를 선택하면 하나도 얻기 힘들다는 걸. 중요한 목표들 간에 우선순위를 신중하게 고려해서 순서를 정하고 나면 마음이 한결 가벼워질 거야. 그렇게 되면 현재의 한 가지 상황에 집중하고 그 다음엔 또 다른 중요한 상황에 집중할 줄 아는 유연성이 생기거든. 그리고 지금 당장은 확실히 실현될 수 없을 것 같지만, 장기적으로는 달성할 수도 있는 여러 가지 목표들을 추진해 가면서 균형감을 가질 수 있지."

"갑자기 '코끼리를 어떻게 먹어야 할까?'라는 우스갯소리가 떠오르는군요."

내가 농담을 던졌다.

"한 번에 한 입씩 먹어야지."

그가 받아쳤다.

"그러고 보니 슬슬 배가 고프군."

"선생님, 점심 같이 드실까요?"

"거 좋지!"

단골 레스토랑 쪽을 가리키며 그가 말했다.

"자네도 알다시피 나는 좋아하는 사람들과 점심을 자주 하는데, 그렇게 투자한 시간으로 새롭게 나아갈 활력을 얻기 때문이야. 그런 점에서 마지막으로 자네한테 해주고 싶은 말이 있어."

"말씀해 주세요."

하워드는 주먹으로 가슴을 툭 치며 이렇게 말했다.

"나에게 가장 많은 에너지를 불어넣어 줄 수 있는 일을 선택하라."

당신을 노리고 있는
달콤한 착각들

솔리테어(혼자서 하는 카드놀이 — 옮긴이)에서 속임수를 쓴다는 건
자기 자신을 속이고 있다는 뜻이야. 갖고 있지도 않으면서
마치 자기가 원하는 곳으로 갈 수 있는 진짜 카드를 가진 척하면서.

7

"일을 선택할 때는 자신의 소질과
사회의 수요를 함께 생각해야 한다."

간디

Howard's Gift

어느 해에 나는 액세스 월드와이드 사의 회장직을 맡게 되어 몇 년간 하버드를 떠나 있어야 했다. 하워드와 함께하는 찰스 강변의 산책 토크도 잠시 중단될 수밖에 없었다. 하지만 시간과 공간을 넘어, 그리고 각자의 삶과 일이 바뀌는 상황 속에서도 우리의 관계는 계속 이어졌다. 떨어져 있는 기간 동안 우리는 꾸준히 전화나 이메일로 만났고, 그때 나눈 이야기가 오히려 더 많았다. 다행히 출장 때문에 보스턴에 들를 기회도 자주 있었다.

하버드를 떠난 지 2년째 되던 여름날, 나는 고객으로부터 의뢰받은 국제개발 프로젝트의 프레젠테이션을 위해 보스턴에 도착했다. 업무가 끝나자마자 나는 하워드에게 전화를 걸었다. 그를 만나지 않고 보스턴을 떠난다는 것은 애피타이저만 먹고 식사를 끝내는 것과 같았다. 하워드의 목소리는 여전히 부드럽고 활기찼다.

"난 지금 옛 제자를 좀 만나야 해. 6시 30분쯤이면 끝날 테니 그때 저녁이나 함께하지."

"예, 알겠습니다. 그럼 이따 뵙겠습니다."

남아 있는 자잘한 업무들을 마저 끝내느라 나는 약속장소인 단골 레스토랑에 10여 분 늦게 도착했다. 늘 앉던 자리에 하워드가 와 있는 것을 확인하자마자 나는 서둘러 다가갔다. 그런데 중간쯤 갔을 때 하워드의 표정이 심상치 않다는 사실을 알아챘다.

탁자 위에는 두 개의 술잔이 있었지만 맞은편 의자는 비어 있었다. 하워드는 텅 빈 의자를 마주한 채 혼자 깊은 상념에 빠져 있었다. 마치 이별 통보를 받은 사람처럼 상실감에 젖은 표정이었다.

'도대체 무슨 일일까? 이 시간에 술까지?'

그때 하워드가 내게 손을 흔들었다. 가까이 다가가자 그는 내 어깨를 감싸 안았다.

"에릭, 자네만 괜찮다면 상쾌한 바람이나 좀 쐬었으면 하는데, 어때?"

"예, 저도 좀 걷고 싶군요."

레스토랑을 나올 때 하워드는 지배인에게 이렇게 말했다.

"이보게, 폴. 우린 한두 시간쯤 산책을 할 생각이라네. 식사는 돌아와서 하도록 하지. 그때쯤이면 아마 배가 너무 고파서 뭐든지 먹어치울 수 있을 걸세."

지배인 폴은 활짝 웃으며 하워드에게 잘 다녀오라고 손짓했다. 그러고는 내 귓가에 대고 이렇게 소곤거렸다.

"에릭, 교수님 기분 좀 잘 풀어드리세요. 꽤 심각했었거든요."

우리는 레스토랑을 벗어나 거리로 나섰다.

여름답지 않게 시원한 바람이 불어왔다. 거리엔 캠퍼스 투어를 하는 고교생들, 여름방학이 끝나 돌아온 대학생들, 일을 마치고 집으로 돌아가는 젊은 직장인들, 유모차를 밀고 나온 젊은 부모들, 휴가차 여행을 온 다양한 세대의 가족들로 붐볐다.

하버드 광장 쪽으로 걸어가면서 우리는 일 이야기, 가족 이야기를 해가며 그동안의 소식을 주고받았다. 하지만 나는 아까 레스토랑에서 봤던 표정이 자꾸 마음에 걸렸다.

"선생님, 오늘 제자분을 만난다고 하셨잖아요. 그런데 아까 혼자 앉아 계실 때 표정이……."

그러자 하워드는 한숨을 길게 내쉬며 말했다.

"그래, 좀 진지했지. 어려운 이야기였어. 솔직한 대화였기 때문에 마음이 편치는 않아."

그는 몇 발짝 더 걷고 나서 어떤 상황인지 설명해 주었다.

"제임스라고, 10년 전에 졸업한 제자야. 약간 내성적이지만 꽤 영리하고 분석력도 뛰어난 학생이었지. 성격도 좋고 정직한 데다 나름 야망도 큰 편이었어."

제임스는 하버드 경영대학원을 졸업한 뒤 부동산 투자신탁 회사에서 큰 규모의 인수 및 매각 협상 파트에서 일을 했다고 한다. 회사는 그의 성과에 만족했고 연봉도 꾸준히 올라갔다. 하지만 그는 날마다 되풀이되는 똑같은 업무에 점점 염증을 느끼기 시작했다. 그는 현재의 제한된 역할에서 벗어나 좀 더 큰 범위의 업무를 맡고 싶었지만 윗사람들은 그런 기회를 주지 않았다.

"항의도 해본 모양이야. 헌데 애매한 대답만 돌아왔다더군. 벌써 몇 년째 똑같은 상태가 지속되다 보니 결국 이 상황을 벗어날 수 있는 방법을 찾고자 나를 찾아온 걸세."

"제임스에게 어떤 이야기를 해주셨나요?"

내가 물었다.

"그가 솔리테어에서 속임수를 쓰고 있다고 얘기해 줄 수밖에 없었어."

하위드의 목소리에 안타까운 기색이 역력했다. 제임스는 그 말을 듣자마자 흥분해서 "저는 이제껏 저 자신을 포함해서 그 누구도 속인 적이 없습니다"라고 언성을 높였다고 한다. 하워드는 제임스에게 조곤조곤 설명해 주려 했지만 대화는 정상적으로 이루어지지 않았고, 결국 이야기를 채 마무리 짓기도 전에 그가 먼저 자리를 뜨고 말았다.

"꽤 다혈질인 친구 같군요."

나는 속으로 제임스를 욕하고 있었다.

"전혀 그렇지 않아. 다만 그렇게 흥분할 만큼 상황이 안 좋다는 뜻이겠지."

"그런데 솔리테어에서 속임수를 쓴다는 말은 무슨 뜻인가요?"

"솔리테어 해본 적 없나?"

그가 물었다.

"물론 해봤죠. 철부지 때."

"그럼 막 이기려는 순간에 게임을 끝낼 수 있는 카드가 없을 땐 어떻게 했나?"

"때로는 게임을 포기하고 다시 시작했어요. 아니면 필요한 카드를 얻으려고 게임 규칙을 살짝 바꾸기도 했죠."

"누군들 안 그랬을까. 그건 그저 게임일 뿐이니까. 게다가 누구도 아닌 나 자신을 상대로 하는 것이니만큼 히든카드를 바꿔치기해도 문제 될 것 없지."

하워드는 걸음을 멈추고 내 쪽으로 몸을 굽히더니 손가락으로 내 가슴을 쿡 찔렀다.

"하지만 이제 솔리테어는 더 이상 재미로 하는 놀이가 아니잖아. 게다가 우린 철부지가 아니라 현실 속에서 진짜 게임을 하고 있는 성인이지. 내가 제임스한테 '솔리테어를 하면서 속임수를 쓰고 있다'고 한 건 말 그대로 그 친구가 자기 자신을 속이고 있다는 뜻이야. 갖고 있지도 않으면서 마치 자기가 원하는 곳으로 갈 수 있는 진짜 카드를 가진 척하면서."

"진짜 카드가 의미하는 게 뭔가요?"

"목표를 성취하는 데 꼭 필요한 기량과 재능이지."

그렇다면 제임스는 자신에게 필요한 기량과 재능을 갖고 있지 않았던 것이다. 나는 하워드에게 물었다.

"그렇다면 제임스가 못 가진 기량이나 재능은 뭡니까?"

우리는 어느새 유서 깊은 케임브리지 커먼 공원으로 들어섰다. 미국 독립전쟁 당시 주요 집결지였던 광장에서는 마침 직장인 소프트볼 경기가 열리고 있었다. 하워드와 나는 약속이나 한 듯이 관중석 벤치에 나란히 앉아 시합을 구경하기 시작했다. 해는 서서히 저물어가고 있었다.

　"제임스는 인간관계나 상황을 파악해 내는 직관력이 부족해. 그 카드가 없다 보니 협상 과정에서 시시각각 변하는 미묘한 역학관계를 이해하지 못하는 거야."

　하워드가 조용한 어조로 말했다. 그의 말에 따르면 제임스는 테이블 건너편에서 보내오는 신호를 제대로 알아차리지 못한 나머지 동료들에게 비효율적인 제안을 너무 자주 해왔다. 더 심각한 것은 같은 팀 동료가 보내는 신호조차 알아채지 못한다는 것이었다.

　"한번은 협상 도중에 선배가 그때그때 수정해서 보내는 신호의 의미를 이해하지 못해 상황을 난처하게 만들기도 했다는군."

　"그건 꽤 중요한 단점인 것 같군요."

　"그래, 그런데 그런 단점에도 불구하고 제임스는 여느 팀장들보다 더 많은 시간을 일하고, 또 이따금 날카롭고 정확한 발언으로 사람들을 놀라게 하곤 했지. 그런 걸 보면 업무의 핵심 부분에서는 유능하다는 건데."

　그래서 제임스는 여전히 회사에서 중요한 역할을 맡아왔던 것이다. 그런데 문제는 그의 야망이 그 이상이라는 점이었다. 그는 프로젝트를 맡아 팀을 이끌고 테이블에서 협상을 주도해 가며 회사에 큰 기여를 할 수 있는 주역이고 싶어 했다. 하지만 그가 원하는 일은 늘 다른 사람이 맡았고, 또 자신이 추구하던 목표도 다른 사람이 먼저 이루어내곤 했다. 그것이 결국 제임스에겐 좌절감으로 다가온 것이다.

"솔직히 말해서 지금 이대로라면 제임스는 자기 목표들을 결코 이루지 못할 거야."

하워드가 침울한 표정으로 결론을 내렸다.

"제임스에게 그대로 말씀해 주셨나요?"

"그랬지."

"인정하기가 정말 쉽지 않았겠군요. 그런데 어째서 지금까지 아무도 제임스에게 그런 얘기를 해주지 않았을까요?"

"아니면 본인이 들으려 하지 않았거나."

하워드는 약간 굳은 표정으로 말했다.

"물론 그만큼 신경을 써주는 상사나 동료가 없었을 수도 있겠지. 안타깝지만 많은 회사가 그런 식인 건 사실이야."

나는 잠시 제임스가 처한 상황을 생각해 보았다. 그러다 문득 이런 상황이 비단 제임스뿐만 아니라 나에게도, 아니 대부분의 사람에게도 해당된다는 걸 알았다. 혹시 나도 스스로 속이고 있으면서도 그 사실을 모르고 있는 게 아닐까?

"자기 자신을 속이고 있다는 것을 어떻게 알 수 있을까요? 목표를 추구하면서 직업적으로 만족감을 얻고 싶다면 꼭 필요한 카드가 무엇인지 알아야 하지 않습니까? 하지만 그게 뭔지 모르기 때문에 결과적으로 자신을 속이게 되는 것이 아닐까요?"

"같은 생각을 하고 있었군."

하워드는 벤치에 푹 기댄 채로 생각에 잠겼다. 잠시 후 그가 말했다.

"자신을 속이고 있는지 알아보려면 두 가지 질문에 정직하게 대답할 수 있어야 할 거야. 첫째, 나는 직무를 멋지게 수행할 수 있는 핵심역량을 갖추고 있는가? 둘째, 같은 목표를 지닌 사람들과 비교할 때 내가 가진 핵심역량은 얼마나 경쟁력을 갖추고 있는가?"

"꽤 아픈 질문이군요."

"아프기 때문에 외면하고, 그래서 자신을 속이는 거겠지. 누구나 시련에 처하면 힘들다고 하지만, 엄밀히 따져보면 시련 자체가 힘든 게 아니라 시련에 처한 자신을 인정하기가 힘든 거야. 분명한 것은 자신을 직시하지 못하고 자꾸 외면할수록 시련은 더 커진다는 사실이지. 건강검진을 회피하다 결국 암을 키우는 것처럼."

하워드는 잠시 말을 멈추더니 관중들 쪽으로 시선을 던졌다. 그는 마치 그들 각각의 직업을 생각해 보려는 듯 찬찬히 바라보며 말했다.

"미묘한 차이가 있긴 하지만 핵심역량에는 크게 몸, 머리, 성격 이렇게 세 가지 범주가 있는 것 같군."

그는 손가락 세 개를 펼쳐 보이며 하나씩 설명하기 시작했다.

몸의 능력은 이를테면 가수의 성량이나 폭넓은 음역, 외과의사의 안정된 손, 급류 래프팅 가이드의 체력 같은 것을 의미한다. 그리고 머리의 능력은 색상에 대한 인테리어 디자이너의 안목이나 복잡한 정보를 잘 정리하는 세무사의 기민함, 혹은 사람들의 얼굴과 이름을 잘 기억하는 홍보담당 이사의 기억력 같은 것이다.

"마지막으로 성격적 특징이 있는데, 예를 들면 새로운 사람과 만나는 걸 어렵게 생각하지 않거나 낯선 상황에서도 잘 대처하는 유연성 같은 거겠지. 복잡한 문제들을 꼼꼼히 풀어나가는 근면성이나 다른 사람의 처지를 잘 이해하는 공감 능력도."

그는 손가락 세 개를 다 접은 다음 이야기를 정리했다.

"개인적인 견해지만 나는 성격적 특징이나 감성지능이야말로 사람들이 스스로를 가장 많이 속이는 부분이 아닐까 싶군."

"재미있는데요."

나는 하워드가 말한 세 가지 범주와 나의 예전 경험들을 연관 지어 생각해 봤다.

"저는 예전에 변호사가 되어볼까 고민한 적이 있었어요. 법률 강의를 듣는 것도 좋았고, 또 나름 분석력도 갖추었다고 생각했거든요. 하지만 기억력이 그다지 뛰어나지 않다는 사실을 인정해야만 했죠. 그래서 다음엔 의대 진학을 생각했습니다. 하지만 저는 매일 규칙적으로 충분한 수면을 취하지 않으면 몸이 제 기능을 발휘하지 못한다는 약점이 있어요. 그래서 교대근무나 수련의 생활을 견뎌내지 못하리라는 사실을 깨달았죠."

하워드는 고개를 끄덕였다.

"그래, 그런 경험을 몇 번 해보면 부족한 역량이 무엇인지 좀 더 잘 알게 되겠지. 헌데 내 기억이 틀리지 않다면 그것 말고 또 있을 텐데? 거 왜 있잖아, 예전에 자네가 무슨 꽃 체인점 사업을……."

"아이고, 그런 건 좀 잊어주시면 안 될까요?"

사회생활 초반에 나는 '카블룸'이라는 꽃 체인점에 투자한 적이 있었다. 사실 꽃 사업에 별 관심도 없었지만(이 점이 첫 번째 실수였다), 프랜차이즈 대기업에서 관리 업무를 해본 경험이 있었기 때문에 업계가 어떻게 돌아가는지는 웬만큼 알고 있었다. 그래서 '꽃 산업의 스타벅스'라 불리는 사업에 투자할 기회를 놓치고 싶지 않아 덜컥 계약부터 해버렸다. 정말이지 그 벤처사업은 기업가 정신, 마케팅, 경영관리 등 여러모로 나의 소질과 잘 맞아떨어질 것 같았다. 하지만 내 예상은 완전히 빗나가고 말았다. 카블룸의 기본 전략에 문제가 있었던 것도 사실이지만, 그보다는 스스로 나의 능력을 과대평가했기 때문이었다. 나에겐 그렇게 '올인'의 위험을 감당할 힘이 없었던 것이다.

"사실 그때 정말 힘들었어요. 솔직히 실패에 대해서는 아예 생각조차 하지 않았거든요. 이제 와서 돌이켜보면 제 계획에 확실히 결함이 있었습니다."

"과거는 과거일 뿐, 하지만 그런 경험을 통해서 얻게 된 깨달음만큼은 절대로 잊지 말게. 앞으로 자네한테 새로운 목표가 생긴다면 먼저 그걸 성취할 만한 역량이 있는지부터 냉정하게 따져봐야 해."

"만약에 제가 역량을 갖추었는지, 혹은 어떤 역량을 갖춰야 하는지 잘 모를 때는 어떻게 해야 합니까?"

"옳거니. 좋은 질문이야. 그럴 땐 실험을 해보는 수밖에 없겠지. 자네가 감당할 수 있는 최소한의 비용으로 실험을 해보는 거야."

"최소한의 실험 비용이요? '최소한'이라면 어디까지를 말합니까?"

그러자 하워드는 다시 손가락을 들어올리며 말했다.

"우선은 시간이나 에너지, 자금 같은 자원을 어디까지 허용할지 분명한 선을 그어둬야겠지. 그리고 두 번째로 기대성과나 수익을 명확히 규정하고 예상되는 비용 대비 수익 비율이 과연 만족할 만한 수준인지 확실히 판단해야 해. 셋째, 스스로 어떤 역량을 시험하고 있는지 꾸준히 확인하고, 각각의 역량을 좀 더 단순한 방법이나 좀 더 적은 비용으로 시험해 볼 수는 없는지도 확인해야겠지? 그리고 마지막으로, 반드시 현실 가능하고 완성도 있는 실험이 되도록 최선을 다해야 해. 예를 들어 테니스 단식 선수로서의 기량을 시험하기로 해놓고 복식 테니스를 치는 일은 없어야 할 거야. 또는 방문간호 대행업체를 시작하기로 했다면 자신의 간호기술만 시험해 봐선 안 되겠지."

"일단 실험을 하고 나면 그 다음에는 어떻게 해야 하죠?"

"데이터를 추적해야지."

그가 말했다.

"그 데이터를 보면서 어떤 기분이 드는지 살펴보게. 그리고 결과가 나타날 때마다 꼼꼼히 수치화하고 그것들을 애초에 원하던 기대치와 비교해 봐야지. 그 분야에서 가장 성공한 사람들이 갖고 있는 핵심역량에 주목하고 자신의 역량은 과연 어느 정도인지도 살펴봐야 해. 그리고 무엇보다 늘 머리로, 가슴으로 그 경험들을 솔직히 받아들여야 한다네."

그는 레스토랑 쪽을 가리키며 슬슬 일어날 채비를 했다.

"자네가 프랜차이즈 사업에 실패했을 때와 제임스의 현재 상황은 여러모로 비슷한 점이 많아."

"어떤 점에서요?"

"두 사람 모두 필요한 역량이 무엇인지는 웬만큼 파악했지만 아주 중요한 걸 빼뜨렸지. 자네는 그만한 위험을 감당할 만한 내구성이 부족했고, 제임스는 대인관계의 미묘한 메커니즘을 파악하는 능력이 부족하다는 거야."

다시 제임스 이야기가 나오자 하워드의 표정이 살짝 굳어졌다.

"서로 다른 점도 있는데 이게 중요해. 그런 경험에서 얻은 정보를 자네는 교훈으로 삼았지만, 제임스는 그 정보를 샅샅이 분석하진 않았지. 자기가 원하는 역할을 하기 위해서는 어떤 역량이 필요한지를 적극적으로 살펴봐야 하는데 말이야. 무엇보다 동료들이 자기에게 보내는 반응에서 분명히 불편을 느꼈는데도 녀석은 그걸 외면하고 있어. 감정적으로 솔직하지 못하다 이 말이야!"

하워드의 어조가 약간 격앙되는 것 같았다. 웬만해서는 결코 감정을 드러내는 법이 없는 양반이라 나는 적잖이 당황했다. 한편으로는 그가 10여 년 전에 가르쳤던 제자를 얼마나 아끼고 있는지 알 수 있을 것 같았다. 하워드가 다른 사람과 이야기할 때 혹시 내 이야기가 나오면 어떤 감정으로 이야기할지 문득 궁금해졌다. 10년 만에 찾아온 제자를 마치 아들처럼 걱정해 주는 그의 심성으로 봐서는 아마 나에 대해서도 늘 염려하고 있지 않을까? 생각이 거기까지 미치자 나는 제임스의 일이 남의 일처럼 느껴지지 않았다. 하워드는 아마 오늘 밤 서재에 불을 밝혀두고 늦게까지 고민할 것이다. 나는 그의 짐을 조금이라도 덜어주고 싶어졌다.

하워드와 함께 레스토랑으로 향하면서 나는 제임스에 대해 계속 생각했다. 만약에 제임스의 회사가 효율적인 평가 시스템을 갖추었더라면, 그는 일이 어떻게 돌아가고 있는지 좀 더 객관적으로 인식할 수 있지 않았을까? 하지만 그의 회사엔 그런 훌륭한 시스템이 없었고, 명목상 동료인 협상 책임자들 역시 그에게 부족한 핵심역량이 무엇인지 알려주지 않았다. 그러니 제임스는 자신의 강점과 약점에 대해 하워드가 솔직한 견해를 제시하며 점처럼 따로 흩어져 있던 문제들을 연결해 준 뒤에야 비로소 자신의 상황을 깨닫게 된 것이다. 나는 제임스가 처한 현실이 안타까웠다.

"선생님, 제임스는 지금 가장 힘든 대전환점에 봉착한 것 같습니다."

내가 넌지시 말했다. 하워드는 말없이 고개를 크게 끄덕였다.

"직장생활 10년이 넘은 시점에서 자신의 평생 직업에 대해 당연하다고 여겼던 모든 것들을 다시 생각해 봐야 하는 상황이죠. 하지만 어떻게 보면 이 전환점이 전화위복의 기회가 될 수도 있지 않을까요? 제임스가 그동안 협상 팀에서 얻은 지식과 경험은 아주 소중하니까요. 아마 지금보다 더 분석 중심적인 직업을 선택한다면 굉장히 유용할 거예요."

"동감이야."

하워드가 대답했다.

"하지만 쉽진 않을 거야. 제임스는 오랫동안 꿈꿔왔던 목표에 심리적으로 완전히 매여 있는 상태거든. 그래서 동료나 상사가 부정적인 반응을 보일 때마다 마치 난타를 당하는 듯한 기분을 느끼는 거지. 다시 일어서서 새로운 길로 뛰어들기 위해서는 아마 엄청난 노력이 필요할 거야."

"선생님, 제임스 전화번호 좀 가르쳐주세요."

나는 아까부터 마음속에 담아두고 있던 말을 드디어 꺼냈다. 그러자 하워드는 걸음을 뚝 멈추더니 흥미로운 듯 나를 쳐다봤다.

"전화번호는 왜?"

"제가 도움이 될지는 아직 모르겠지만 그래도 이야기는 나눠볼 수 있잖아요."

하워드는 주머니에서 제임스의 명함을 꺼내면서 말했다.

"하긴, 함께 고민해 주고 격려해 주는 건 자네만의 두 가지 핵심역량이지."

나는 제임스의 연락처를 휴대전화에 저장했다. 그때 하워드가 내 등을 가볍게 두드리며 말했다.

"이렇게 흐뭇한 느낌을 선물해 줘서 고맙군."

"선생님이야말로 최고의 선물이죠. 제임스한테나 저한테나."

레스토랑 문을 열고 들어서자 지배인 폴이 재빨리 다가와 하워드에게 말했다.

"교수님, 그 제자가 다시 찾아왔습니다. 교수님이 다시 오실 거라고 했더니 아까부터 저기서 기다리고 있네요."

눈을 들어 우리 자리 쪽을 봤더니 내 또래의 사내가 초조한 얼굴로 앉아 있었다. 그때 하워드가 내게 말했다.

"에릭, 전화할 필요가 없어졌구먼. 저 친구가 제임스야."

우리가 다가가자 제임스가 벌떡 일어났다.

"교수님, 죄송합니다. 제가……."

제임스가 말을 채 끝내기도 전에 하워드는 그를 덥석 안으며 등을 톡톡 두드려주었다.

"자, 그럼 아까 하던 대화를 우리 셋이서 멋지게 마무리해 볼까? 이보게 폴, 늘 마시던 걸로 부탁하네!"

하워드는 제임스와 나의 손을 꽉 잡은 채 폴에게 소리쳤다.

* ♟ *

그날 저녁 우리 셋은 기억에 남을 만한 대화들을 수없이 주고받았다. 나는 우리가 나눴던 이야기들을 빠짐없이 기록했고, 지금도 틈나는 대로 되새겨보곤 한다.

우리는 가끔 세상에서 가장 소중한 사람을 속이곤 한다. 바로 나

자신이다. 자신을 속인다는 것은 단순히 카드를 바꿔치기한다는 의미가 아니다. 때로는 검증되지 않은 명제를, 때로는 남들로부터 주입된 생각을 너무 쉽게 수긍하고, 그리하여 자신의 핵심역량에 대해 잘못된 판단을 내리게 되는 것도 자신을 속이는 행위에 해당한다.

예를 들면 '노력의 오류'가 그것이다. 무조건 열심히 노력하기만 하면 단점을 극복할 수 있을 거라는 믿음은 엄청난 시간 낭비를 불러올 수 있다. 노력의 오류에 빠지게 되면 도달하고자 하는 목표를 아주 높게 잡아놓고는 "이거야말로 내가 진정 하고 싶은 거야. 나는 이 목표를 달성하기 위해 최선을 다해 노력할 거야"라고 외치게 된다. 다시 밀해 모든 문제를 '불가능은 없다, 할 수 있다'의 자세로 대하는 것이다. 물론 근면하고 성실한 정신이 필요한 것은 사실이다. 그러나 단지 열심히 노력하는 것이 핵심역량의 약점을 보완하기 위한 일반적인 해결책이 될 수는 없다. 그렇다고 시도조차 하지 말라는 뜻은 아니다. 다만 눈을 크게 뜨고 다각적으로 문제에 접근하는 자세가 필요하다는 것이다.

그런가 하면 '우등생 오류'도 있다. 자신이 전반적으로 꽤 똑똑한 편이라 믿기 때문에 특정 기량을 익히는 데 별 문제가 없으리라고 확신하는 것이다. 실제로 하워드가 꾸준히 관찰한 바에 따르면, 이들 똑똑한 사람들은 대부분 공부를 잘했었기 때문에 자기가 세운 그 어떤 목표도 충분히 성취할 수 있을 거라 믿는다. '나는 X와 Z를 잘하니까 분명 Y도 훌륭히 해낼 수 있을 거야.' 이런 생각으로 직업을 결정하는 것이다.

"이것은 마치 '나는 뛰어난 헤비급 레슬링 선수니까 분명 장대높이뛰기도 거뜬히 해낼 수 있을 거야'라고 말하는 것과 같아."

하워드의 말은 헤비급 레슬링 선수가 장대높이뛰기를 할 수 없다는 얘기가 아니다. 그러나 그가 장대높이뛰기 선수로서 올림픽에 출전하려 한다면 무슨 수를 써서라도 말려야 할 것이다.

'우등생 오류' 옆에는 닮은꼴 사촌이 있다. 객관적인 근거도 없이 자신의 특정 역량이 다른 사람의 역량보다 좀 더 특별하다고 생각하는 '확대해석의 오류'가 그것이다. 자신이 갖고 있는 역량이 그 일에 절실히 필요할 것이라 넘겨짚는다면 그 또한 확대해석이다. 하워드는 확대해석하는 이들을 가리켜 '표적도 없이 화살을 쏜 뒤 화살이 꽂힌 지점에다 과녁을 그려 넣는 사람'이라고 말한다.

'즐거움과 열정의 오류'도 있다. 그 일을 하면 마냥 즐겁고 열정이 솟기 때문에 실제로 일을 잘하고 있는 거라 믿는 것이다. 물론 일을 즐긴다는 건 매우 중요하며, 일이나 목표에 대한 열정은 그 자체만으로도 경쟁력을 갖는다. 그러나 즐거움과 열정만으로는 기량, 관련 지식, 혹은 재능에서의 단점을 극복할 수 없다. 그래서 하워드는 제임스에게 이렇게 말해야만 했던 것이다.

"뭔가를 잘하고 싶은 마음이 너무 앞선 나머지 자신이 그 일을 정말로 잘하는 건지 제대로 살펴볼 겨를이 없었군. 그러니 문제가 커질 수밖에."

마지막으로 '요술램프의 오류'가 있다. 이것은 '노력의 오류'와는 정반대 유형이다. 왜냐하면 요술램프의 오류에 빠진 사람들은 그저 가만히 눈을 감고 '이미 성공해 있는 자신의 모습'을 간절히 상상하기만 하면 반드시 이루어진다고 믿기 때문이다. 이건 정말 하기도 쉽고, 엉망이 되거나 야단날 일도 없다. 그래서 최근 들어 '바라는 대로 이루어지리니'라는 막연한 믿음이 마치 신흥종교처럼 붐을 일고 있는 것이다. 물론 하워드는 일과 삶에 있어 자신감과 긍정적인 마음, 낙천적 태도를 누구 못지않게 강조한다.

"하지만 목표를 이루는 데 있어 근거 있는 자신감과 '모든 게 식은 죽 먹기'라는 근거 없는 생각 사이에는 엄연한 차이가 있어. 그것은 생각하는 것과 동경하는 것, 계획하는 것과 희망하는 것, 아는 것과 바라는 것의 차이야. 영화 「스타워즈」에서 요다가 '희망은 계획이 아니다'라고 말한 것처럼, 우리에게 필요한 건 실행이라네. 길에서 장애물을 만났을 때 어떻게든 해결하려고 애쓰는 것과 그냥 멈춰 서서 장애물이 사라지기만을 기다리는 것은 분명 다를 테니까."

이 모든 오류의 유형을 놓고 볼 때 하워드가 말하고자 하는 핵심은 이것이다.

"직업적인 성공과 만족은 운의 문제가 아니야. 목표를 달성하는 사람들은 자신이 정말 잘하는 것, 좋아하는 것, 그리고 그 직업을 위해 갖추어야 하는 것 사이에서 강력한 조합을 만들어냈기에 가능했던 거야."

잘하는 것, 좋아하는 것, 필요한 것 사이에서 강력한 조합을 만들어내기 위해서는 스스로를 속이게 만드는 오류들부터 직시해야 한다. 그리고 그 조합의 과정을 이끄는 힘은 '솔직함'일 것이다.

당신의 능력은 '세상의 평가'보다 더 높은 곳에 있다

필생의 일을 찾고 행복을 얻은 사람들은 대부분 천재적인 능력으로 그렇게 된 것이 아닙니다. 그들은 다만 자신의 비전을 믿었고, 그 믿음을 향해 계속 움직이기로 결정했으며, 그 결정에 따라 안내되었을 뿐입니다. 당신의 진정한 능력은 '세상의 평가'보다 더 높은 곳에 있다는 사실을 잊지 마십시오.

8

"재능이 없다고 말하는 사람들은
대부분 별로 시도해 본 일이 없는 사람들이다."

앤드루 매튜스

Howard's Gift

•

　보스턴을 떠나기 전날, 하워드와 나는 당분간 마지막이 될 산책 토크를 위해 다시 만났다. 우리는 남북전쟁 당시 최초의 흑인부대를 기리는 기념비 앞에서 출발하여 올드노스 교회 쪽으로 천천히 걸었다. 그곳은 1775년 4월 18일 밤, 첨탑의 불빛 신호를 따라 폴 리비어Paul Revere가 말을 타고 떠난 유명한 사건(폴 리비어는 미국 독립혁명의 영웅으로 한밤중에 말을 타고 영국군의 침입 사실을 알려 첫 전투를 승리로 이끌었다. — 옮긴이)을 간직한 곳이었다. 하워드와 나는 역사적 전환점이었던 그 사건에 대해 이런저런 이야기를 주고받았다.

　전환점에 대한 이야기만 나오면 으레 그렇듯이 이번에도 내 머릿속에 새로운 화제가 떠올랐다. 사실 하워드는 이런 식으로 이야깃거리를 끄집어내는 능력이 아주 탁월했다. 평소에는 기억 속에 잠들어 있던 이야기들도 하워드의 '언어 자극'을 마중물 삼아 느닷없이 깨어나곤 하는 것이다.

"지지난주에 버트라는 친구하고 한잔했어요. 그 친구는 최근에 아주 황당한 일을 당했죠."

"커피 한잔 마시면서 얘기할까?"

하워드는 잠시 내 말을 끊고는 길모퉁이의 한 카페를 가리켰다. 우리는 오래된 교회가 한눈에 들어오는 쪽에 자리를 잡고 한적한 여름 오후의 햇살을 즐기기 시작했다.

버트는 시카고 병원의 고객서비스 부서에서 일하는 동안 누구보다 그 일을 즐겼다. 그는 아이디어가 넘치는 사람이라서 '어떻게 하면 비용을 줄일 수 있을지', '환자와 가족들에 대한 서비스를 어떻게 개선해야 하는지'에 대한 제안을 끊임없이 내놓았다. 하지만 병원 측에서는 한두 가지만 채택했을 뿐 거의 대부분 받아들이지 않았으며 그 이유를 설명해 주지도 않았다. 섭섭하긴 했지만 버트는 열정적이고 낙천적인 성격이라 그냥 그럴 만한 이유가 있겠지 하며 넘어가곤 했다.

어느 날 저녁, 버트는 동료 두 사람의 송별회에 참석하게 되었다. 송별회 중간쯤 버트가 화장실에 들러 손을 씻고 있을 때였다. 부사장이 옆 세면대로 다가왔다.

"안녕하세요, 부사장님."

하지만 부사장은 고개만 끄덕일 뿐이었다. 그러고는 버트에게 눈길도 돌리지 않은 채 종이타월로 손을 닦으며 이렇게 말했다.

"이봐, 내 충고 하나 하지. 다음 송별회를 어떻게 준비할지 생각해 보게. 자네가 그 주인공이 될 테니까 말이야."

버트는 너무도 어이가 없었다. 그가 뭐라고 질문하려 하자 부사장은 고개를 저으며 말했다.

"듣기만 해."

버트는 입을 꾹 다물었다.

"자네는 젊고 똑똑하고 재능 있는 직원이야. 하지만 우리는 자네 같은 직원을 어떻게 활용해야 할지 몰라. 물론 일부는 내 잘못이고, 또 일부는 자네 상사의 잘못도 있겠지. 자네 상사가 세상에서 최고로 자신감 넘치는 사람은 아니니까. 그리고 나머지 부분은 단지 조직이 돌아가는 방식 때문이야. 안타깝지만 어쩌겠나, 현실이 그런 걸."

부사장은 종이타월을 휴지통에 버리고 나가면서 말했다.

"남은 송별회, 마저 즐기게."

버트가 부사장의 말을 완전히 이해하기까지는 며칠이 걸렸다. 직원이 아무리 훌륭해도 조직이 활용할 능력이 없을 수 있다는 것, 직원의 아이디어를 일종의 도전으로 받아들이는 상사도 있다는 것, 이유가 무엇이든 윗사람들이 그런 상황을 바꾸려 하지 않는다는 것, 이 모든 것들이 버트에게는 난생처음 겪는 일이었다. 4개월 뒤 그는 부사장이 예고했던 대로 송별회의 주인공이 되고 말았다.

하워드는 이야기를 다 듣더니 고개를 절레절레 흔들었다.

"사실 우리는 회사에서 자신에게 내리는 평가를 무조건 신뢰하도록 길들여왔지. 자기가 어떤 사람이고, 무엇을 잘하는지에 대한 것들을 직장에서 규정하도록 내버려둔다는 얘기야. 사람들은 기본적으로 '조직은 다 알고 있다'고 믿지만, 실제로는 하나도 몰라. 버트의 전 직장처럼 직원들의 능력을 어떻게 써먹어야 할지 모르는 조직이 훨씬 많거든."

그의 말대로 너무 경직되고 꽉 짜인 조직문화 때문에 귀한 인재를 잃는 경우는 얼마든지 있다. 하워드는 특히 성과보다 결과를 중시하는 조직일수록 그런 우를 범한다고 말했다.

"성과와 결과는 어떻게 다른가요?"

"성과는 노력과 실력이 합쳐져서 나오는 반면, 결과는 때때로 행운이란 요소가 작용한다는 점에서 다르지. 많은 조직에서 이 사실을 간과하기 때문에 성과보다 결과에만 집중하는 경우가 자주 생기는 거야. 예를 들어 기금을 조성할 때, 훌륭한 조직이라면 자네가 올해 기부자들을 방문한 횟수가 100여 차례에 달한다는 사실에 초점을 맞추겠지. 하지만 결과를 중시하는 조직은 자네가 모금한 액수에만 초점을 맞출 거야. 그 액수가 설령 운 좋게 시기가 잘 맞아떨어진 결과라 할지라도."

하워드는 주스를 한 모금 들이켠 뒤 말을 이어나갔다.

"또 다른 문제는 직원들의 능력을 제대로 볼 수 있는 관리자가 그다지 많지 않다는 점이야. 심지어 부하직원들이 자꾸 아이디어를 내거나 더 많은 능력을 키우려고 할 때 그걸 오히려 방해로 여기곤 하지. 그런가 하면 버트의 직속상사처럼 자신감이 없는 관리자는 부하 직원을 두려워한 나머지 의도적으로 앞길을 가로막기도 하고."

"전에 선생님께서 하신 말씀이 생각납니다. 'A급 관리자는 A급 직원을 채용하고, B급 관리자는 C급 직원을 채용한다.' 그런데 여기에 한 가지 더 추가할 수 있을 것 같군요. 'C급 관리자는 팀원들을 C급으로 만든다'고 말입니다."

"맞는 얘기라서 더 씁쓸하구먼."

하워드는 길게 한숨을 내쉬었다.

"그런데 선생님, 버트의 경우도 그렇지만 사실 제가 아는 사람 대부분은 자기 능력과 조직에서 바라는 능력이 서로 맞지 않아 '존재 위기'에 가까운 상황을 겪고 있습니다."

"얼마나 심각하기에 존재위기라고까지 표현하나?"

나는 숨을 크게 들이마신 뒤 고민에 빠졌던 주제를 꺼내놓기 시작했다.

"왜냐하면 그로 인해 의욕이 꺾이고 자기 자신에 대해서조차 의심을 품게 되었기 때문입니다."

물론 내가 만난 그 사람들 역시 변화가 필요하다는 건 잘 알고 있었다. 하지만 실상은 아주 작은 변화마저도 두려워하고 있었다. 대부분 재정적 문제 때문에 지금의 직장에서 열심히 일하고는 있지만, 새로운 것을 배우거나 전문가로 성장하기 위한 노력은 상대적으로 미미했다. 그러다 보니 지적인 면에서 너무 단순해지고 조직의 제한된 요구에 갇혀 있다는 느낌을 받게 되었다. 한 친구는 자신이 처한 상황이 마치 '빨리 뛸 수 있는데도 느린 동료들에게 둘러싸인 채 마라톤을 하는 것'과 같다고 말했다. 그는 이런 상황에 오래 갇혀 있을수록 육체적으로나 정신적으로 자신의 핵심역량이 약화될 거라고 걱정했다. 그것이 또 스트레스가 되어 의욕이 저하되고 우울해진다는 것이었다. 그렇게 몇 달, 심지어 몇 년 동안 버티면서 그들은 이런 환경에 너무 오래 머무른다면 점점 깊은 타성에 빠져들 거라며 두려워했다.

"거기서 빠져나오려면 상당한 위험을 감내해야겠죠. 하지만 이미 스스로 경쟁력을 잃었다는 좌절감 때문에 이러지도 저러지도 못하는 겁니다."

하워드는 잠자코 듣기만 하더니 내 팔을 톡톡 두드리며 말했다.

"그 사람들 심정을 이해할 수 있을 것 같군. 아무런 선택권도 없다고 느낄 테고, 미로에 갇힌 기분마저 들 거야. 30년 전 하버드 경영대학원의 많은 동료들이 바로 그랬지."

하워드의 얼굴에 씁쓸한 미소가 스쳐갔다.

"이렇게 생각해 보자. 성공하는 회사는 왜 성공할까? 그들은 시시각각 변화하는 경제 상황에 적응하기 위해 최대한 총력을 기울이잖아. 수시로 비전과 목표를 재확인하고 내부 역량에 아낌없이 투자해가며 자기들만의 강점을 끝없이 강화하지. 한마디로 그들은 기회를 제대로 포착할 수 있는 더듬이를 꾸준히 단련시키고 있어. 그렇다면 개인도 그렇게 할 수 있지 않을까?"

하워드는 시원한 오렌지주스를 두 잔 더 주문한 뒤 계속해서 말했다.

"버트도 그렇고, 자네가 말한 그 사람들 모두 자신의 현실을 헤쳐 나갈 수 있을 만큼 자유롭다는 사실을 과소평가하고 있어. 모든 사람에게는 자신의 역량을 발견하고, 그것을 제대로 활용할 수 있는 잠재력이 있다네. 그런 기회를 적극적으로 찾지 않는 것 역시 자신을 속이는 행동이지. 자넨 그런 기회를 어떻게 이용했나?"

"그런 면에서 저는 행운아였어요. 사회생활 초기에 아주 멋진 상사를 만났었거든요."

코넬 대학을 갓 졸업한 뒤 나는 주아 드 비브르 호텔 체인의 설립자인 칩 콘리Chip Conley 밑에서 일을 시작했다. 칩은 아주 똑똑하고 놀라울 만큼 창의적이었으며, 아무리 엉뚱한 아이디어라도 늘 열린 마음으로 받아들일 줄 아는 인물이었다. 스물두 살의 자신만만한 청년이었던 나는 신제품과 서비스에 대해 끊임없이 새로운 제안과 계획을 내놓았다. 그때만 해도 나는 세계 최고의 호텔학교에서 4년 동안 공부한 만큼 모든 문제에 대해 명확한 답을 알고 있다는 과도한 자신감에 사로잡혀 있었다. 물론 이제 와서 돌이켜보면 낯이 화끈거릴 정도로 어리석고 치기 어린 아이디어들이었다. 그런데 칩은 내 계획을 참을성 있게 들어주고, 또 치명적인 오류와 문제점들을 친절하게 설명해 주곤 했다. 하지만 나는 오류를 수정하기보다는 더 많은 아이디어를 내는 데 주력했다. 그 결과 내가 제안했던 수십 개의 아이디어에 대해 '실현 가능성이 낮다'는 평가가 나왔고, 그때부터 나는 나 자신에게 의문이 들기 시작했다.

'내가 정말 이 일에 조금이라도 재능이 있기나 한 걸까?'

'혹시 지나친 자신감과 야망에 속고 있는 것은 아닐까?'

'차라리 은행이나 컨설팅 회사 같은 곳에 취직하는 편이 더 낫지 않았을까?'

그렇게 침울한 나날을 보내던 어느 날 칩이 나를 불렀다.

"에릭, 요즘 무슨 일 있나?"

나는 회사가 요구하는 만큼 일을 잘하지 못하는 것 같고, 동료들만큼 쓸모 있는 것 같지도 않다고 솔직히 털어놓았다.

"어리석은 생각 말게. 자네는 잘하고 있어."

칩은 나를 안심시켰다.

"나는 자네가 흥미로운 아이디어를 생각해 내기 때문에 데려왔네. 답을 얻기 위해 자네를 채용한 것이 아니란 말일세."

"그렇게 말씀해 주셔서 감사합니다만, 함께 일하는 동료들 대부분이 대안을 찾아내는 면에서 저보다 훨씬 더 뛰어난 것 같습니다."

"흠, 그럴지도 모르지."

칩은 약간 불편한 표정으로 말했다.

"하지만 그건 대다수가 쉬운 문제만 다루거나 그저 안전한 답을 제시하기 때문이야. 그들은 위험을 감수하거나 한계를 넘어서려 하지 않거든. 그런데 자네는 매일매일 한계를 넘어서고 있고, 솔직히 말하면 때로는 조금 지나칠 때도 있긴 해. 그래도 다른 사람들이 자네를 어떻게 생각할까 해서 주저하기보다는 하던 대로 계속해 나가는 편이 좋을걸?"

헤어지기 직전에 칩은 내게 평생 잊기 힘든 한마디를 해주었다.

"타인의 겉모습은 자신의 속모습보다 더 좋아 보이는 법이라네."

나는 그 말을 곧바로 이해하지 못했다. 그러자 칩은 좀 더 친절하게 설명해 주었다.

"잘나가는 회사를 생각해 보게. 규모나 운영구조, 기업문화에 관계없이 조직은 언제나 내부 구성원보다는 외부 사람들에게 더 좋게 보이지. 사람도 마찬가지야. 겉으로 드러난 타인의 강점과 재능만 중시하고 눈에 보이지 않는 약점은 보려고 하지 않거든. 반대로 자기 자신에 대해서는 강점은 축소하고 약점은 확대해서 생각하는 경향이 있지. 만일 다른 사람의 머릿속에 들어갈 수 있다면 누구에게나 걱정거리가 있고, 자신감도 부족하다는 것을 발견할 수 있을 게야."

나는 비로소 칩의 말을 이해할 수 있었다. 하지만 아직 의문은 가시지 않았다.

"올바른 답을 얻기 위해서가 아니라면 왜 저를 뽑으셨습니까?"

"모르지, 언젠가는 자네가 우리를 올바른 답으로 안내할지도."

이야기가 끝나자 하워드는 고개를 끄덕이며 이렇게 말했다.

"타인의 겉모습이 자신의 속모습보다 더 좋아 보인다는 표현은 아주 중요한 뜻을 담고 있는 것 같군. 사실 칩 같은 상사를 만난다는 건 자네 말대로 굉장한 행운이야. 왜냐하면 대부분의 사람들은 칩이 자네한테 심어줬던 용기를 스스로 만들어내야 하니까. 많은 사람들이 '나는 누구인가', '나는 무엇을 잘하는가'에 대해 너무 낡고 좁은 생각에만 갇혀 있는 게 사실이야. 그렇기 때문에 주기적으로 '새로고침' 버튼을 눌러 자신을 다시 평가하고, 새로운 평가 결과에 따라 거기에 맞는 일을 주도적으로 찾아야 해."

"좀 더 구체적으로 말씀해 주세요. 자기 자신을 스스로 재평가하는 것에 대해서요."

하워드는 오렌지주스를 쭉 마신 뒤 말했다.

"우선 약점에 매달리지 말아야지. 그보다는 어떻게 하면 자신의 강점을 좀 더 강화할 것인가에 집중해야 해."

나는 약간 회의적인 표정을 지었다. 우리는 어릴 때부터 자신의 약점을 찾아내어 끊임없이 개선해야 한다고 배워오지 않았던가?

"자네가 무슨 생각을 하고 있는지 알아. 하지만 자신의 취약한 영역을 개선하기 위해 평생을 바쳐야 한단 말인가? 인간은 몇 개의 강점과 수백, 수천 개의 약점이 있는데도? 게다가 약점은 누구나 달가워하지 않기 때문에 그걸 개선하려면 지적인 에너지뿐만 아니라 감정적인 에너지도 엄청나게 투자해야 해. 이 얼마나 손해 보는 장사인가?"

"그렇다고 약점을 그냥 내버려둘 수도 없지 않습니까? 모든 직업에는 기본적으로 필요한 능력이 있고, 때로는 그 기준치에 도달하려면 당연히 자신의 취약한 영역을 개선해야죠."

"개선 가능한 약점을 무시하라는 뜻은 아니야. 다만 근본적인 취약점에 연연하지 말라는 거지. 내가 알던 어떤 아이는 쿼터백이 되려고 몇 년 동안 열심히 훈련을 했지만 선천적으로 작전지시 능력이 너무 취약했어. 그런데 운 좋게도 어느 고등학교 야구 감독이 그 친구를 눈여겨봤지. 감독은 미식축구 선수, 그것도 쿼터백이 되고 싶어 했던 그 아이에게 투수 훈련을 시켰어. 그 아이는 지금 메이저리그에서 투수로 활약하고 있지. 만일 그 친구가 쿼터백으로서의 약점을 고치려고 끝까지 매달렸다면 메이저리그는 구경도 할 수 없었을걸? 우리도 마찬가지야. 이미 잘하는 부분을 더 뛰어나게 만들고, 강점을 가진 영역에서 계속 성장해 가야 해."

이야기를 듣다 보니 문득 맨해튼의 빌딩 숲이 떠올랐다. 나는 어째서 맨해튼 섬의 중간 지역에만 고층 건물이 모여 있고, 낮은 건물들은 죄다 가장자리에 가 있는지 늘 궁금했었다. 나중에 알고 보니 중간 지역의 기반암이 지표면 가까이 올라와 있어 고층 건물을 지을 수 있는 튼튼한 토대를 제공해 주기 때문이었다. 그때 하워드가 마치 내 머릿속을 읽은 것처럼 정확한 표현을 해주었다.

"가장 단단한 땅 위에 경력의 토대를 쌓아야 해. 성공한 사람들은 대부분 잘하는 일에 집중하지. 대신 자신의 취약한 영역에는 뛰어난 사람들을 두어 최대한 보완해 가면서."

* * *

"잘하는 일에 집중한다는 말은 참 듣기 좋군요. 헌데 약간 막연한 느낌도 듭니다."

"그렇지? 자신의 강점을 생각하다 보면 자칫 자기도 모르게 과장하거나 엉뚱한 데로 흐를 수도 있을 거야. 그래서 가능한 한 자신과의 솔직한 인터뷰가 필요하지."

"자신과의 솔직한 인터뷰라면……."

"스스로 이렇게 묻고 답해 봐. '나는 어떤 상황에서 어떤 일을 할 때 가장 자신감을 느끼는가?', 그리고 '주로 어떤 장소, 어떤 상황에서 사람들이 내게 도움을 요청하거나 혹은 나와 팀을 이루고 싶어 하는가?' 하고 말이야. 그렇게 해서 자네의 강점이 어느 정도 윤곽을 드러내면 그 강점을 가장 잘 활용할 수 있는 조건이 무엇인지 생각해 봐야겠지."

"그런 다음에는요?"

"자네를 잘 아는 주위 사람들에게도 똑같이 물어봐야지. 당신들이 보기에 난 어떤가 하고 말이야. 그리고 그들의 의견에 귀 기울여야 해. 긍정적이든 부정적이든 그 모든 의견들을 유용한 자료로 받아들여야 하니까."

물론 위의 질문에 모두 답을 하고, 주변 사람들로부터 의견을 들었다고 해서 자신의 강점을 당장 효과적으로 발휘할 수 있는 것은 아닐 것이다. 하워드는 자신의 강점을 최대로 활용할 수 있는 자리와 경로, 구체적인 역할을 열린 마음으로 검토해야 한다고 말했다. 그러기 위해서는 자신과 비슷한 역량을 가진 사람들이 일반적으로 추구하는 경력이나 기존에 정의된 경로에서 벗어나 좀 더 넓게 바라보는 자세가 필요하다. 하워드는 이렇게 강조했다.

"기억하게. 기업가의 경력을 쌓고 싶다고 해서 반드시 기업가가 될 필요는 없다는 걸."

어떤 경력이건 일정한 경로가 있다. 우리는 대부분 마치 트랙을 돌듯이 그 경로를 따라 질주한다. 그러나 하워드는 '그 울타리를 넘어' 보다 넓게 바라볼 필요가 있다고 말했다. 그건 마치 내가 몇 년 전에 만났던 열혈여성 바버라를 두고 하는 말 같았다.

"바버라는 수년간 태권도와 합기도를 연마해서 검은 띠를 갖고 있어요."

"무시무시하군."

그녀는 사람들과 함께 일하는 것을 좋아했지만, 몇몇 조직에서 인사 및 교육 전문가로 일하는 동안 그 분야에 관심을 잃고 말았다. 9시부터 5시까지 일하는 전통적인 업무 환경에 만족하지 못한 것이다. 그래서 바버라는 자신이 가진 역량을 전혀 다른 방식으로 조합했다.

"들어보세요. 지금부터가 재미있어요."

하워드는 미소를 지으며 고개를 끄덕였다.

그녀는 기업을 대상으로 여성 호신술 과정을 개발했고, 직원과 고객을 위해 그 프로그램을 도입할 수 있게끔 몇몇 사업체와 의료 서비스 기업 및 그 밖의 단체를 설득했다. 시간이 지나면서 그녀의 사업은 직장 내 괴롭힘에 대한 프로그램뿐만 아니라 일반적인 체력 단련 과정까지 포함할 정도로 확장되었다.

"물론 바버라는 이 경력 경로에서 많은 돈을 벌지 못한다는 것을 알고 있었고, 실제로 재무관리나 대금청구와 같이 전혀 예상하지 못했던 문제들에 직면하기도 했습니다. 하지만 그녀는 하루하루의 삶이 행복하다고 합니다. 선생님 말씀처럼 강점을 기반으로 확장하고 성장하는 방식에 보람을 느꼈고, 새로운 차원으로 경력을 개발하여 자신의 장기 비전에 한 걸음 다가서게 된 거죠."

"그런 사업이 가능할 거라고 누가 생각이나 했을까? 하지만 정말 대단한 것은 바버라가 기존의 경력 경로를 뛰어넘어 새로운 길을 개척했다는 기야. 그리고 그건 조직생활에 적응하지 못한다는 자신의 약점을 정확히 인식했기에 가능했을 거야. 사람들은 약점을 없애고 싶어 하지만 사실은 그것 역시 소중한 자산이라는 걸 잊지 말게. 약점이란 강점을 떠받치는 여러 개의 의미 있는 주춧돌과 같다네."

하워드는 갑자기 시계를 보더니 주머니에서 펜과 메모지를 꺼내 뭔가를 적기 시작했다. 그는 가끔 이렇게 말없이 메모를 하곤 했는데 나에게는 아주 익숙한 모습이었다. 나는 도대체 그가 어떤 내용을 적고 있는지 궁금했지만 한 번도 물어본 적은 없었다. 다만 우리가 대화를 나눌 때마다 번뜩번뜩 튀어나오는 하워드 식 표현의 일종이려니 하고 짐작만 할 뿐이었다.

내가 계산을 마치고 돌아왔을 때도 하워드는 계속해서 메모를 하고 있었다. 한참 뒤에 그는 기지개를 켜더니 자리에서 일어났다. 이제 헤어질 시간이었다. 나는 고객과 미팅이 있었고, 하워드는 아들

앤디와 점심을 먹을 예정이었다.

"자, 그럼 이제 또 당분간 얼굴을 못 보겠군그래."

"그래도 자주 찾아뵙겠습니다."

"나야 반갑지. 그나저나 서로 떨어져 있어도 산책은 규칙적으로 해야 돼, 알았지?"

"물론이죠."

"그리고 이 쪽지 말이야. 자네가 한번 읽어보고 혹시 버트를 다시 만나 얘기할 기회가 있거들랑 그때 참고해 봐."

하워드는 좀 전에 적었던 메모 쪽지를 내게 건넸다. 나는 마치 거액의 수표를 받은 듯한 기분이었다. 하워드와 헤어진 뒤 나는 설레는 마음으로 쪽지를 펼쳤다.

세상에 나쁜 아이디어란 없습니다. 단지 검증되지 않았을 뿐.

아이디어가 사라지는 것은 현실의 벽에 막혔을 때가 아니라 스스로 자기 능력을 의심할 때입니다. 이제 막 사회에 첫발을 내딛거나 이직을 고려할 때, 혹은 새로운 도전을 앞두고 있을 때, 우리는 자기도 모르게 위축되기 쉽고 자신의 기량과 잠재력을 잘못 이해하거나 과소평가하기 쉽습니다. 그리고 뜻밖의 장애물을 만나거나 조직에서 밀려날 때 우리는 좌절하고 낙담한 나머지 자신의 모든 재능마저 의심하게 됩니다. 하지만 그럴 때일수록 우리는 스스로를 너무 과소평가하는 게 아닌지 물어봐야 합니다. 우리가 흔히 장애물이라 부르는 그 모든 것들은 사실 새로운 길을 알려주는 데이터들입니다. 당신의 아이디어, 당신의 재능이 반대에 부딪혔을 때 '왜?'라고 당당히 물어봐야 합니다. 그리고 돌아오는 답변을 모두 경청하십시오. 아무리 부정적인 답변이라도 거기엔 중요한 메시지가 담겨 있습니다. 당신에게는 그 데이터들을 쓸모 있게 활용할 수 있는 자유가 있습니다. 필생의 일을 찾고 행복을 얻은 사람들은 대부분 천재적인 능력으로 그렇게 된 것이 아닙니다. 그들은 다만 자신의 비전을 믿었고, 그 믿음을 향해 계속 움직이기로 결정했으며, 그 결정에 따라 안내되었을 뿐입니다. 당신의 진정한 능력은 '세상의 평가'보다 더 높은 곳에 있다는 사실을 잊지 마십시오.

— 에릭과의 산책 중, 하워드가

당신에게
맞지 않는 신발은
과감히 버려라

사람이 일을 한다는 건 어느 조직의 문화 속에 들어간다는 의미야.
따라서 누구도 조직문화에서 자유로울 순 없지. 그렇다면 당연히
그 조직의 문화가 어떤지, 그리고 나와 잘 맞는지부터 알아봐야 하지 않겠나?

9

"성공하는 사람들이란 자기가 바라는 환경을 찾아내는 사람들이다.
발견하지 못하면 자기가 만들면 된다."

조지 버나드 쇼

Howard's Gift

어느 비 오는 목요일 아침, 나는 단골 카페에서 제프 레오폴드와 커피를 마시고 있었다. 제프는 매사추세츠 렉싱턴 지역에서 첨단기술 회사의 임원이나 상임이사들을 연결시켜 주는 컨설턴트였다. 아마 제프만큼 자기 일을 사랑하는 사람도 드물 것이다.

"매일 아침 6시만 되면 알람도 없이 일어납니다. 그리고 5분 뒤면 곧바로 일에 뛰어들 준비가 되어 있죠. 설령 일요일 아침이라 해도 말입니다."

그가 오늘날 중역 담당 헤드헌터로 성공할 수 있었던 이유는 아이러니하게도 사회생활 초반에 겪었던 아픈 경험 덕분이었다.

"1991년에 나는 미시간 대학에서 MBA를 마친 뒤 어느 신생 기업에 선발되었습니다. 사실 난 그 기업에서 필요로 하는 거의 모든 기술과 역량을 갖추고 있었죠. 적어도 서류상으로는요."

그는 상당히 분석적이고 체계적인 사고를 지녔을 뿐만 아니라 자기 분야에 매우 정통했다. 게다가 치열한 경쟁을 뚫고 원하던 자리에 발탁되었기에 그는 자신의 목표와 기대치를 한껏 높여가고 있었다. 하지만 그의 모든 장점은 생각만큼 대단한 경쟁우위가 되지 못했다.

"문제는 그 기업의 문화가 정말 독특했다는 점입니다. 한마디로 그곳 문화는 사람들의 장점 속에 숨어 있는 상대적인 약점을 발견해서 그것에 끝없이 주목하게 만드는, 그야말로 호되게 단련하는 문화라고 할 수 있습니다. 결과적으로 나는 그 문화와 어울리지 못한 겁니다."

"잠깐만요, 그런데 그 회사 이름을 아직 말씀하시지 않으셨군요. 무슨 회삽니까?"

그러자 그는 아직도 불편함이 남아 있는지 약간 머뭇거리다가 이렇게 말했다.

"마이크로소프트입니다."

"빌 게이츠와 함께 일했단 말씀인가요?"

"예. 맞습니다."

마이크로소프트에서 일을 시작할 때 그는 그 회사 사람들이 스스로를 '소프트웨어를 통해 세상을 바꾸려 하는 선교사'처럼 생각하고 있다는 사실을 미처 알지 못했다고 한다.

"그들은 질문하는 방식도 달랐고, 문제를 해결할 때도 전혀 다른 각도에서 바라보았죠. 고객의 니즈도 아주 섬세하고 정제된 방식으로 파악했어요. 그런 차별성이 몇몇 사람들을 엄청나게 성공하게도 했지만, 또 어떤 이들에겐 이질감을 불러일으켰죠."

어느 날 그가 제품 개발에 관한 제안서를 제출하자 빌 게이츠는 그 아이디어를 '산산조각' 내기 시작했다.

"물론 빌의 냉정한 비판에 그 어떤 개인적인 감정도 개입되지 않았다는 것을 알고 있었어요. 그는 아이디어를 테스트할 때 종교에 심취한 것 같은 열의를 보였고, 문제를 지적할 때도 매우 직선적인 용어를 사용했죠. 물론 나만 그의 비판을 받은 것도 아니었고요. 사실 그런 일은 마이크로소프트에서는 늘 벌어지는 일상 풍경이었지만, 문제는 내가 전혀 준비되지 않았다는 겁니다."

결국 동료 한 명이 제프를 조용히 불러 이렇게 말해 주었다.

"자네가 여기서 행복하지 않다는 것도, 무엇이 문제인지 알아내려고 노력하고 있다는 것도 알고 있네. 다만 이 말 한마디만 해주고 싶군."

그는 제프의 표정을 살피더니 충격적인 마지막 말을 던졌다.

"자네는 정말 똑똑한 친구지만 회사가 원하는 방식으로 똑똑한 게 아닐지도 모른다는 가능성을 고려해 봤으면 해."

제프는 그 말에 너무도 당황했다. 그는 동료의 말을 이렇게 해석한 것이다.

'그래, 네가 비록 미시간의 MBA를 나왔다고는 하지만 그렇게 똑똑한 건 아니야. 적어도 여기서 성공한 사람들만큼 똑똑하지 않다는 건 확실하지.'

시간이 흐른 뒤에야 그는 동료가 전하고자 했던 진의를 제대로 해석할 수 있었다. 그가 말한 것은 '마이크로소프트의 문화는 자네에게 익숙하지 않은 방식으로 사고하길 요구한다네. 그렇기 때문에 여기서는 자네의 똑똑한 머리를 효과적으로 활용할 수 없을 거야. 그러니 다른 사람들이 자네를 따라잡을 때까지 기다리지 말게나'였던 것이다.

"물론 그 친구가 옳았습니다."

제프가 말했다.

"나는 일 처리 방식에 있어서 너무 편협한 시각을 갖고 있었어요. 문제 해결 방식을 찾을 때도 그저 내가 알고 있는 범위 내에서만 골몰하다가 일을 그르치곤 했습니다."

결국 그는 입사한 지 2년 만에 마이크로소프트를 나왔다.

그로부터 20년이 지난 지금, 그는 내 앞에서 "좀 더 머물렀다가 스톡옵션을 받았더라면 아마 횡재할 수도 있었겠죠"라며 농담을 하고 있다. 헤어지기 전에 제프는 자신이 얻은 가장 소중한 교훈을 얘기해 줬다.

"문화에 주의를 기울여야 해요. 나는 조직문화가 얼마나 중요한 요소인지 직접 경험을 통해 배웠어요. 어느 조직에 있건, 또 어떤 기업과 일하건 그곳의 문화와 개인이 얼마나 잘 들어맞느냐에 따라 모든 것이 달라집니다."

새삼 제프의 이야기가 떠오른 것은 매사추세츠에 있는 하워드의 여름 별장에서 황금 같은 주말을 보내고 있을 때였다.

늦은 여름을 보내기에 매사추세츠 남부 해안지대만큼 좋은 곳도 드물다. 바다에서 불어오는 부드러운 바람은 더없이 쾌적하고, 언제 어디서나 늘 활기차게 인사를 청해 오는 뱃사람들의 미소도 푸근하기만 하다. 이곳이 나에게 더없이 특별한 장소가 된 까닭은 하워드의 여름 별장이 바로 여기에 있기 때문이다.

어느 해 여름 나는 간절히 바라던 2박 3일의 휴식을 위해 하워드의 별장으로 떠났다. 금요일 점심 무렵 도착해서 하워드와 함께 식사를 한 뒤 야외 테라스에 앉아 푸른 바다와 하늘을 바라보고 있자니 온몸의 긴장이 녹아내리는 것 같았다. 하지만 불행히도 바깥세상은 여전히 나를 내버려두지 않았다. 식사를 끝낸 지 10여 분도 채 지나기 전에 동업자인 커크로부터 전화가 걸려온 것이다. 통화를 끝내고 다시 테라스로 나가자 탁자 위에 쿠키가 놓여 있었다. 나는 의자에 편안히 앉아 쿠키 하나를 집어들었다. 그러나 쿠키를 한입 물었을 때 다시 휴대전화가 울렸다. 이번에는 부사장으로부터 걸려온 전화였다.

"선생님, 죄송합니다."

나는 하워드에게 다시 양해를 구한 뒤 30여 분 동안 통화를 했다. 그 사이 쿠키는 차갑게 식고 말았다. 오후 내내 이런 식이었다. 문제가 점점 심각해지면서 끊임없이 전화가 걸려왔다. 최고의 휴식을 기대했던 곳에서 나는 가장 힘든 통화를 계속하고 있었던 것이다. 처음 몇 시간 동안은 하워드도 이런 상황을 전적으로 이해해 주었다. 하지만 결국 나를 보며 이렇게 말했다.

"전화를 잠시 꺼둔다고 세상이 무너지진 않겠지?"

"그러게요, 죄송합니다."

나는 휴대전화를 끄고 바닷바람에 실린 짭조름한 공기를 깊이 들이마셨다.

"대체 월요일까지 기다릴 수 없는 문제가 뭔가?"

나는 내심 하워드의 조언을 기대하며 상황을 자세히 설명하기 시작했다.

몇 달 진 나는 아트라는 50대 남자를 채용했다. 개인적으로 아는 사람은 아니었지만 이력서를 보니 경험이 꽤 풍부한 편이었다. 그 무렵 우리 회사는 열정과 에너지로 똘똘 뭉친 소수정예의 직원들 덕분에 비교적 착실하게 성장해 오고 있었다. 하지만 사업 기회가 점점 늘어남에 따라 그 인원만으로는 도저히 감당할 수 없는 상황에 이르렀다. 그래서 커크와 나는 아트를 몇 차례 만나 그가 담당할 역할과 목표에 대해 이야기했다. 나는 그에게서 확실한 인상을 받지는 못했지만, 이력서에 적힌 그의 능력과 경력을 믿어보기로 했다. 적어도 경력 없는 사람을 채용하여 생기는 위험보다 그를 채용해서 얻게 될 재무적 이점이 훨씬 크리라고 판단한 것이다. 커크는 최종 결정을 내게 맡겼고, 결국 나는 아트를 채용했다.

"그런데 지금은 제 결정이 과연 옳았는지 확신할 수가 없습니다."

나는 하워드의 표정을 살피며 말했다. 그는 말없이 내 이야기에 귀를 기울이고 있었다.

"사실 아트에게 딱히 지적할 만한 단점은 없었습니다. 저는 그가 사업을 더욱 발전시킬 만한 중요한 거래를 맡을 수 있으리라고 생각했습니다. 또 한동안은 기대했던 대로 잘 해나가는 것 같았죠. 간혹 부정적인 신호가 잡힐 때도 없지 않았지만 제가 보기에 그다지 중요한 건 아니었습니다. 하지만 이제 와서 보니 수면 아래에서 문제가 점점 커지고 있었던 셈입니다. 실제로 지난 며칠 동안 그 문제가 펑펑 터져나오기 시작했어요. 거의 모든 직원들이 커크와 제게 번갈아 찾아와 '우리는 정말 노력했지만 더 이상 아트와 같이 일할 수 없습니다'라고 말하는 겁니다. 솔직히 좀 놀랐어요. 왜냐하면 저희 직원들은 결코 배타적이거나 꽉 막힌 사람들이 아니거든요."

"구체적으로 어떤 문제 때문에 직원들이 그렇게까지 말했던 걸까?"

나는 이 대화가 아트에 대한 험담으로 비춰지지 않도록 주의하면서 하워드에게 말했다.

"직원들 이야기를 종합해 보면 고객과의 소통 방식에 문제가 있는 것 같습니다. 직원들은 아트가 고객에게 무리한 약속을 하고 그 일정에 맞추지 못한다고 합니다. 그리고 문제를 해결하는 사람처럼 보이기 위해 오히려 문제를 더 만드는 것 같다고 하더군요. 물론 아트는 사업에서 분명 이익을 내고 있긴 합니다. 하지만 직원들은 아트의 방식이 결국은 회사가 추구하는 장기적인 관계 구축 능력을 약화시킬 거라고 우려합니다."

"그럼 아트의 직속 부하직원들은 어떻게 생각하고 있지?"

"팀원들은 아트가 자신들을 대하는 방식에 불만을 갖고 있습니다. 아트가 자신들을 프로젝트에서 제외시키고 아이디어를 묵살했다고도 하더군요. 심지어는 고객과의 미팅이 끝난 뒤 젊은 팀원 몇몇에게 커피잔을 닦아놓으라고까지 했다더군요."

"커피잔 닦는 일은 사원들 몫이 아니었나?"

"절대 아닙니다."

나는 벌떡 일어나서 바닥에 깔린 널찍한 돌 위를 서성이며 대답했다.

"저희 회사에서는 모두가 동등합니다. 부사장이든 경리담당 사원이든 좋은 아이디어가 있으면 거침없이 제시하고, 그렇게 올라온 아이디어는 그 자체로 객관적인 평가를 받습니다. 사무실에서 고객에게 커피를 대접하면 그 고객을 대하는 당사자가 잔을 치웁니다. 도움이 꼭 필요할 때도 부탁을 하지 결코 명령하지는 않습니다. 부사장이라는 직함은 그 사람이 가진 전문 능력 때문에 얻었을 뿐, 그런 직함이 있다고 해서 IT 운영직원이나 안내직원보다 더 훌륭한 사람이거나 더 존경받을 만한 사람이라는 의미는 아닙니다. 그리고 그 외에도……."

나는 지나치게 흥분했다는 사실을 깨닫고 잠시 멈췄다.

"아무튼 어떻게 해야 좋을지 모르겠습니다."

하워드는 눈썹을 치켜올리고 근심 어린 표정으로 나를 보았다. 그리고 집 주변의 높은 나무들을 바라보다가 천천히 입을 열었다.

"자네, 누구한테 화가 난 건가?"

핵심을 찌르는 질문에 나는 잠시 움찔했다.

"둘 다입니다."

나는 마침내 인정했다.

"아트에게도 화가 나고, 그가 우리 회사에 적합한 사람인지 아닌지 정확히 알지 못한 채 받아들인 저 자신에게도 화가 납니다. 솔직히 당면한 프로젝트들을 좀 빨리 추진하고자 했던 제 욕심이 너무 앞선 나머지 올바른 판단을 하지 못했어요."

"그래, 두 사람 모두 실수를 한 것 같군."

하워드가 말했다. 그러고는 난데없이 야구 이야기를 꺼냈다.

"자네도 야구 팬인가?"

"레드삭스를 응원합니다만, 왜요?"

"난 가끔 메이저리그에서 동양인 투수나 타자들이 활약하는 걸 볼 때마다 의아해하곤 해."

"너무 잘해서요?"

"물론 기본적으로 능력이 탁월했으니까 바다 건너 왔겠지. 하지만 프로가 되면 능력이란 건 그다지 차이가 나지 않아. 내가 주목하는 것은 그 선수들이 태평양보다 큰 문화의 차이를 극복했다는 사실이야. 새로운 팀의 문화도 문화려니와 낯선 나라의 일상생활 곳곳에 문화의 차이가 무수히 많았을 텐데 그걸 다 극복했다는 얘기 아닌가? 그게 대단하다는 얘기야. 반대로 뛰어난 실력을 갖춘 내국인 선수가 뉴욕 양키스에서 뉴욕 메츠로 살짝 이적했을 뿐인데 조직문화에 적응하지 못해 그저 그런 선수로 전락한 경우도 많아. 그런 걸 보면 역량이란 전문적인 능력과 문화지능Cultural Intelligence(서로 다른 문화적 배경과 가치를 지닌 상대에게 적절하게 반응하는 능력 — 옮긴이)을 합친 개념이 아닐까 싶군. 만일 두 명의 직원 중 한 명을 선택해야 한다면 나는 능력이 다소 부족하더라도 문화 적응력이 있는 사람에게 한 표를 던지겠네."

하워드는 곧이어 아트에 대한 이야기로 넘어갔다.

"내 생각에 아트는 전 직장에서 하던 대로 행동하고 있는 것 같아. 좋건 나쁘건 그는 전에 몸담았던 직장의 문화와 잘 맞았던 게지. 다만 새로운 직장의 환경이 전과 다르다는 사실을 인식하지 못한 점이 실수라면 실수랄까. 아니면 다르다는 것을 알면서도 새로운 문화를 수용하지 못했을 수도 있고."

그는 잠시 말을 멈추더니 손가락으로 내 손등을 톡톡 두드리며 말을 이어나갔다.

"그리고 자네는 이력서의 행간에 숨어 있는 진짜 정보를 간과한 것 같군. 그가 어떤 환경에서 어떤 식으로 능력을 발휘했는지 좀 더 자세히 분석해야 했어. 무엇보다 자네 회사의 문화가 이전 직장과 얼마나 다른지 그에게 명확히 이야기하지 않았지. 두 사람 다 고통스럽겠지만 실수를 받아들이고 포기할 건 포기해야 해."

나는 그 말이 무슨 뜻인지 알 것 같았다. 아트가 우리 회사의 문화와 맞지 않는 사람이라는 사실에 초점을 맞춘다면, 결국 그는 우리의 조직문화에 중대한 위협이기에 회사를 떠나야만 했다. 물론 그것은 아트에게도 나에게도 적지 않은 고통이 따르는 일이 될 것이다.

"문화라는 건 그만큼 중요해. 그건 단순히 사람들을 합한 것 이상의 의미가 있지. 부적절한 사람이 그 안에 들어가면 좋은 문화를 망칠 수도 있어."

기업가 정신의 전문가로서 하워드는 새로운 조직이 성장하는 데 있어 문화가 미치는 긍정적인 영향과 부정적인 영향을 너무도 잘 알고 있었다. 그래서 그는 아트와 관련된 본질적인 문제를 곧바로 이해했을 뿐만 아니라 냉정한 판단으로 나를 일깨워준 것이다. 문화에 주의를 기울여야 한다던 제프의 이야기가 떠오른 것도 바로 그때였다.

* * *

"문화는 전략을 능가해."

하워드가 말했다. 자신이 공동 창립한 투자자문사 바우포스트를 비롯해 하버드 경영대학원, 구글, 스타벅스 같은 조직들이 성공할 수 있었던 가장 큰 요인으로 그는 문화를 꼽았다.

"그리고 문화는 조직을 규정하지."

그는 직원들의 상호작용 방식에서부터 성공의 수준에 이르기까지 조직의 거의 모든 것을 문화가 결정짓는다고 했다. 조직의 성공적인 전략과 혁신을 뒷받침하는 결정적인 경쟁우위가 바로 문화이며, 반대로 아무리 훌륭한 아이디어라도 잘못된 문화에서는 실패할

확률이 매우 높다는 것이다.

"잘못된 문화는 미국 자동차 산업이 추락하게 된 핵심 요인이기도 하지. 외부환경을 직시하지 않는 오만한 문화로 인해 일본 소형차의 위협을 깨닫지 못했잖아. 어디 그뿐인가? 금융 산업이 세계 경제를 침체로 몰고 간 원인 역시 장기적으로 견실하게 기업을 경영하기보다는 당장의 수익만을 추구하는 문화 때문이었지."

하워드는 같은 이유로 개인 역시 자신의 목표를 이루고 성공적인 경력을 추구하기 위해서는 조직의 문화를 이해하는 것이 우선이라고 말했다.

"조직의 문화가 나에게 잘 맞을 때와 그렇지 않을 때, 과연 어떤 차이가 있을까?"

하워드는 이 질문에 대해 단정적으로 말했다.

"그건 '그냥 일하는 것'과 '필생의 일을 추구하는 것'만큼 엄청난 차이야."

실제로 제프 레오폴드는 마이크로소프트에서 결코 '필생의 일을 추구할' 수 없었다. 그가 찾아낸 가장 큰 실패 요인은 '개인과 조직문화의 부조화'였다. 하워드 역시 30년 전 문화의 부조화로 인해 하버드 경영대학원을 떠났다가 새로운 학장이 취임하고 문화가 바뀌면서 다시 복귀할 수 있었다.

현재 내가 경영하고 있는 회사에서는 '열정과 신뢰'라는 문화를 추구한다. '모든 사람이 거리낌 없이 의견을 말하고 자신의 커피잔은 자신이 치운다'라는 원칙은 그런 문화의 토대가 된다. 하지만 나는 아직 조직문화의 중요성을 제대로 이해하지 못하고 있다. 이력서만 보고 아트를 채용하는 바람에 조직 내에서 문화적 마찰이 빚어지게 한 것만 봐도 알 수 있지 않은가.

"문화는 다양한 면을 가지고 있지."

하워드가 말했다.

"하지만 아무리 다양하다 해도 핵심요소는 두 가지야. 하나는 직원들에 대한 보상 체계가 어떤 방식으로 조직의 사명이나 가치와 연계되는가 하는 것이고, 또 하나는 조직 내에서 어떤 식으로 권한과 정보가 공유되는가 하는 것이지. 본질적으로 이 두 가지 핵심요소에서 여러 가지 문화적 양상이 나타난다고 볼 수 있어. 마치 탄소와 수소의 여러 조합에서 우주의 거의 모든 물질이 생겨난 것처럼."

"그 두 가지 핵심요소가 어떻게 결합되느냐에 따라 조직 내에 별개의 하위문화들이 형성될 수 있다는 말씀인가요?"

"그렇지. 큰 조직은 물론이고 작은 조직에서도 다양한 하위문화가 만들어져. 예를 들면 한 고등학교 내에서도 학생상담 부서나 역사담당 부서, 체육담당 부서가 각기 다른 하위문화를 갖고 있지 않나? 그리고 같은 조직 안에서도 어떤 문화는 매우 성공했지만, 다른 문화는 너무 평범하거나 심지어 실패하는 경우가 얼마든지 있잖아."

"어떻게 하면 나쁜 문화를 없애고 좋은 문화를 더 확대시키느냐, 이게 문제로군요."

하워드는 고개를 저었다.

"강의실에서 기업 문화에 대해 토론하다 보면 많은 학생들이 본질적으로 좋은 문화와 나쁜 문화가 있고, 강한 문화와 약한 문화가 있다고 가정하곤 하지. 헌데 내 생각은 달라. 무정부 상태나 노예 제도처럼 도저히 수용할 수 없는 극단적인 문화를 제외하면 본질적으로 옳고 그른 문화는 없다고 보거든. 사명이 다르면 거기에 맞게 접근 방식도 달라지게 마련이니까. 결국 문화라는 건 조직의 사명이나 목표와 관련지어서 생각해야 해."

하워드는 갑자기 벽시계를 힐끗 보더니 말했다.

"우리 이럴 게 아니라 바닷가로 나갈까? 여기 노을이 아주 일품이거든."

* 🗿 *

하워드와 나는 한적한 바닷가를 걷고 있었다. 찰스 강변이 아닌 바닷가에서 산책 토크를 하는 것만으로도 나는 휴식과 충전을 동시에 얻는 것 같았다. 하지만 하워드는 눈앞의 멋진 풍경보다는 대화에 더 집중하고 있었다.

"사람이 일을 한다는 건 어느 조직의 문화 속에 들어간다는 의미야. 따라서 누구도 조직문화에서 자유로울 순 없지. 그렇다면 당연히 그 조직의 문화가 어떤지, 그리고 나와 잘 맞는지부터 알아봐야 하지 않겠나?"

"그럼 어떤 프레임으로 문화를 봐야 합니까?"

"한 조직의 문화를 파악하려면 몇 가지 질문이 필요해. 이 질문들은 좀 전에 얘기했던 문화의 두 가지 핵심요소에서 자연스럽게 도출된 거야."

하워드는 손가락 하나를 펼치며 곧바로 본론에 들어갔다.

"우선 '모두가 똑같은 찬가를 부르고 있는가?'라는 질문부터 시작하지. 이 말은 본질적으로 '당신의 사명은 무엇이며 왜 이곳에서 일하는가?'라는 질문과 같다고 볼 수 있어. 사실 조직문화는 그 조직의 사명이나 목적, 가치라는 핵심요소에서 비롯되기 때문에 이런 요소들과 맞지 않는 사람은 큰 마찰을 겪을 수밖에 없지."

"하지만 조직의 목적이나 가치에 대해서는 구성원마다 관점이 다를 수도 있잖아요?"

"그럴 수 있지. 게다가 직원들이 조직의 큰 그림에 어떻게 맞춰야 할지 모를 수도 있지 않겠나? 그건 결국 제대로 된 미션이나 전략, 가치가 존재하지 않는다는 얘기야. 그러면 그 조직의 구성원들은 제각각 다른 방향으로 향하게 되겠지. 그렇기 때문에 자신의 비전이 뚜렷한 사람일수록 이런 문화에서 일하기가 어려울 거야. 조직이 자신을 어디로 데려가는지 확신할 수 없을 테니까."

"요컨대, 모두가 동일한 찬가를 부를 수 있을 만큼 명확한 사명이나 목적이 있어야 한다는 말씀이군요."

"그래, 내 경험상 자신을 분명히 인식하는 조직일수록 가장 효과적인 문화가 나타나더군. 구성원들에게 조직의 목적과 가치를 명확하게, 일관적이면서도 적극적으로 전달하는 그런 조직 말이야."

우리는 항구 근처의 조선소를 지나고 있었다. 이 지역 주민들은 대부분 19세기 고래잡이의 후손들이었다. 하지만 지금은 휴양도시로 변한 탓에 보스턴이나 하트포드 등지의 사무실을 떠나 여름을 보내러 온 사람들이 뒤섞여 묘한 항구 문화가 형성되었다. 조선소에서 일하건 대학 캠퍼스에서 일하건, 서로 다른 배경에도 불구하고 모든 사람들이 자연스럽게 새로운 지역 공동체를 이루어가고 있는 것이다.

"두 번째로 '리더들이 어떤 방식으로 조직을 이끌어가고 있는가?'라는 질문도 해볼 수 있겠지."

부두 노동자들이 일하는 모습을 물끄러미 바라보며 하워드가 말했다.

"어렸을 때 어머니께 자주 듣던 말이 생각나는군. 어머니는 '애야, 네 행동이 말과 달라서 도대체 네가 무슨 말을 하는지 알 수가 없구나' 이러셨지. 지금 생각해 보니 그 말은 우리 모두에게, 특히 조직의 리더들에게 해당되는 말인 것 같아. 조직의 문화가 얼마나 일관되고 건강한지 알려면 리더의 말과 행동이 일치하는지를 봐야 해. 조직의 가치와 목표에 대해 자기가 말한 대로 행동하는지, 약속한 일을 과연 끝까지 완수하는지, 거기에 따라서 문화는 더욱 안정되고, 또 직원들이 조직의 문화에 맞추기도 쉬워지니까."

"그렇다면 리더의 행동 여하에 따라 조직문화가 크게 바뀔 수도 있겠군요."

"그래서 리더라고 하지 않나. 권한과 책임은 동전의 양면인데, 리더가 어느 쪽에 무게 중심을 두느냐에 따라 조직의 문화도 많이 달라지지. 나는 리더가 권한을 사용할 때 명령과 동기유발 사이에서 얼마나 균형을 잘 잡는지 반드시 지켜보는 편이야."

하워드가 말한 명령과 동기유발이란 다시 말해 '권위적인 문화'와 '책임을 공유하는 문화'를 뜻한다. 그에 따르면 권위적인 문화의 구성원들은 '난 그저 시키는 대로 할 뿐이야. 그러니 실패하더라도 내 잘못은 아니지'란 말을 대수롭지 않게 한다. 반대로 책임을 공유하는 문화에서는 공동의 책임에 따라 권한이 발휘되기 때문에 구성원들이 자발적으로 더 좋은 아이디어를 내고 생산적인 상호작용을 할 수 있다는 것이다.

얘기에 심취하다 보니 어느새 별장으로 이어진 해안 언덕으로 접어들고 있었다. 하워드는 세 번째 질문으로 '조직 내에서 정보 흐름이 원활한가?'에 대해 설명하기 시작했다.

"쉽게 말해서 정보란 혈액 순환과 같아. 혈액 순환이 잘 안 되면 인체의 시스템에 문제가 생기듯이 정보도 마찬가지야. 정보 흐름이 활발한 조직이 있는가 하면, 어느 한 곳에만 정보가 쌓이거나 쓸데없이 흐름을 제한하는 조직이 있지. 효과적이지 않은 문화일수록 후자에 가까워. 그런 조직은 사고가 터졌을 때도 문제 해결을 위한 접근방식을 취하는 게 아니라 서로 책임을 따지는 데만 급급하지."

하워드의 말을 반대로 생각하면, 정보 흐름이 원활한 조직일수록 솔직하게 피드백을 주고받는 문화가 잘 조성되어 있을 것이다. 그런 조직은 또한 새로운 아이디어나 반대의견에 대해서도 적극적으로 논의해야 한다는 공감대가 형성되어 있다.

이제 멀리 하워드의 별장이 눈에 들어오기 시작했다. 사실 은퇴를 앞두고 그가 이곳에 별장을 마련하고자 했을 때 나는 내심 반대했었다. 확장공사가 필요할 뿐만 아니라 거의 모든 시설을 교체해야 할 만큼 손이 많이 가는 집이었기 때문이다. 내가 하워드에게 'TV나 잡지에서 흔히 볼 수 있는 멋진 저택'을 사지 않은 이유를 묻자 그는 "재미없잖아"라고 짤막하게 대답했다.

인테리어 공사를 전문업체가 아닌 이 마을 인부들에게 맡긴 것도 의아했다. 공사가 시작되었을 때 나는 평균연령 50대쯤은 돼 보이는 '목수 어르신'들이 온갖 쓰레기 더미에 쥐가 들끓고 지붕이 무너진 오래된 건물 앞에서 뻐끔뻐끔 담배를 피우는 모습을 보며 절망적인 기분을 느꼈었다. 하지만 하워드는 자신의 비전에 맞는 여름 별장을 만들기에 더없이 완벽한 조건이 갖춰졌다고 말했다.

그러고는 수개월에 걸쳐 인부들과 함께 계획하고 손수 벽돌을 나르며 자신의 비전을 차곡차곡 실현해 갔다. 그 결과 하워드의 별장은 이 지역에서 가장 독특하고도 아름다운 집이 되었다.

"네 번째로 '팀의 조직인가, 스타의 조직인가?'란 질문을 생각해 보세."

하워드가 자신의 별장을 바라보며 말했다.

"사람들은 흔히 조직의 성공이 몇몇 뛰어난 스타들에 의해서 이루어진다는 근거 없는 생각을 갖고 있지. 마치 프로 스포츠에서처럼 걸출한 스타들의 특별한 재능만으로 이익을 얻게 된 거라 착각한단 말이야."

하워드는 그런 생각들이야말로 문화를 왜곡하는 주범이라고 말했다. 그리고 이런 현상은 조직의 책임자가 자신의 아이디어와 경험만이 의미 있고 다른 사람은 이를 뒷받침하는 역할에 불과하다고 생각할 때 주로 발생한다고 했다.

"사실 아무리 탁월하다 해도 여러 사람의 능력을 합친 것보다 뛰어난 능력을 가진 사람은 거의 없거든. 그러니 소수의 스타 직원이 아닌 대다수 직원들이 능력을 마음껏 발휘할 수 있는 문화가 되어야 하지 않겠나. 그렇지 않은 조직은 새로운 아이디어를 개발할 수 있는 잠재력을 스스로 망치게 돼."

하워드는 이런 상황이 지속되면 조직의 문화가 병들게 되고, 또 그런 문화 속에서는 개인의 비전이 제한될 뿐만 아니라 '제각각의 분위기'가 형성된다고 설명했다.

"그런 분위기가 최악으로 치닫게 되면 구성원끼리 대놓고 경쟁하는 문화로 변질될 수도 있어. '개인을 생각하지 않는 전체와 전체를 생각하지 않는 개인'을 생각해 봐. 암담하지 않나? 그거야말로 직원들을 단절시키는 '외로운 문화'야."

하워드는 별장을 가리키며 말했다.

"자네도 알다시피 저 별장을 다시 짓기 시작했을 때 나는 이 지역에서 잔뼈가 굵은 40~50대 기술자들에게 일을 의뢰했지. 그 이유는 대여섯 명의 팀원들이 아주 유연하면서도 협력적인 문화를 간직하고 있었기 때문이야. 그들은 내가 원하는 디자인을 놓고 밤새도록 토론해 가며 '일이 되어가도록' 서로서로 흥을 돋울 줄 알았지. 한마디로 '내가 왜 이 일을 하는지'를 명확히 알고 있었던 거야. 이 마을의 건물들을 잘 살펴보게. 그러면 그들이 어떤 방식으로 마을을 디자인해 왔는지 알 수 있을 테니까."

하워드의 설명을 듣고 다시 마을을 둘러보자 새삼 느낌이 달랐다. 집들은 제각각 개성을 지녔으면서도 마을 전체의 경관을 침해하지 않았다. 바로 그 점이 이 지역의 독특한 편안함을 형성한 것이다. 특히 하워드의 별장은 사람들이 흔히 자신의 경제적 성공을 과시하기 위해 짓는 맥맨션McMansions(맥도널드 체인처럼 특색 없이 여러 곳에 산재된 호화주택 — 옮긴이)과 달리 수수하고도 실용적인 아름다움이 느껴졌다.

"벌써 도착했군. 아직 얘기가 남았는데 어쩌지?"

하워드가 말했다. 우리는 산책을 마치고 별장의 테라스로 돌아가 시원한 주스를 마시기로 했다.

"마지막 질문은 '직원들의 성과를 어떻게 평가하는가?'라네."

하워드는 주스 잔을 내려놓으며 말했다.

"사실 많은 조직들이 여전히 직감에 따라 개인의 노력을 평가하거나 성공을 운으로 치부하는 문화에서 못 벗어나고 있지. 그런 환경에서는 신뢰가 형성되기 어려워. 평가지표가 불명확할수록 직원들은 혼란을 느끼거나 과민해지고, 또 머뭇거리게 돼. 결과적으로 구성원들이 어떤 결정이나 노력에 100퍼센트 전념하지 않는 문화가 형성되겠지."

"그럼 직원들의 성과를 어떤 식으로 평가해야 할까요?"

"전에 말했듯이 먼저 성과와 결과의 차이를 분명히 해야겠지. 만일 성과가 아니라 결과에 우선하여 직원들을 평가하고 보상한다면 조직의 예측가능성과 투명성은 낮아질 수밖에 없지 않겠나? 그것만으로도 좋지 않은 일이지. 하지만 더 큰 문제는 이로 인해 조직이 추구해야 할 장기적인 가치보다 단기적인 결과를 우선시 하는 문화가 형성될 수 있다는 점이야. 순수하게 비즈니스 관점에서 보자면 이건 단연코 실패에 이르는 공식이지."

하워드는 곧이어 자신의 친구인 프랭크 배튼에 대해서 이야기하기 시작했다. 프랭크는 뉴스 분야에서 크게 성공한 기업가였다.

"사실 그 친구가 남긴 업적 가운데 가장 인상 깊은 것은 그 거대한 조직에 도덕성과 비전, 가치를 심어놓았다는 점이야. 프랭크는 고객에게 제대로 된 서비스를 제공하면 수익은 자연히 따라온다고 생각했지."

프랭크는 회사의 첫 번째 목표, 즉 '고객에게 기여하는 것'을 추구하면 자연히 수익이 따라온다고 믿었다. 그래서 그는 직원들의 성과 역시 그 목표와 연계하여 평가하고 보상했으며 결과는 부수적인 고려사항으로 생각했다. 그렇기 때문에 설령 회사에 금전적 손해를 입혔다 할지라도 결과를 통제할 수 없는 어려운 환경에서 업무를 잘 수행한 사람에게는 보너스를 지급했다. 반대로 이익은 발생했지만 결과에만 매달려 조직의 더 큰 전략과 응집력, 장기적인 성공을 저해하는 임원은 해고했다. 그 결과 이제는 투명하고 예측가능하며 사명을 중시하는 문화가 형성된 것이다.

"자, 내 이야기는 여기까지일세. 이제 본격적으로 휴식시간을 가져봐야지?"

하워드가 자리에서 일어나며 말했다.

"선생님, 그러고 보니 아직 별장을 제대로 구경하지 못했네요."

"허어, 그렇군. 그럼 천천히 둘러봐."

집의 구조는 방에서 방으로 자연스럽게 이동할 수 있도록 되어 있었다. 그런데 각각의 공간들이 전혀 다른 생활환경처럼 보인다는 점이 무척 흥미로웠다.

"이 집을 리모델링할 때 나는 구체적인 목표가 있었어."

사실 그의 구체적인 목표를 이해하려면 하워드가 첫 번째 아내와 이혼하고 몇 년 뒤 재혼하면서 상당한 규모의 가족이 생겼다는 사실을 알아야 한다. 재혼한 아내에게는 딸 넷, 하워드에게는 아들 셋이 있었다. 그리고 20년이 지난 지금은 며느리와 사위, 손주들까지 생겨 온 가족이 모이면 스무 명이 훌쩍 넘게 되었다. 그 정도 인원을 감안한다면 침실뿐만 아니라 아이들이 뛰어다닐 수 있는 넉넉한 공간도 필요했을 것이다. 또 가족들이 전체적으로 연결된 집 안에 있으면서도 각자 독립된 공간에서 쉴 수 있도록 해야 했다.

"모두가 가족의 일부라고 느끼면서도 필요할 경우 조용히 떨어져 있을 수도 있는 공간을 만들고 싶었지."

그래서 하워드는 각기 다른 곳에 침실을 배치하여 조용히 있을 수 있는 공간을 연결하고, 가까운 곳에 화장실을 두었다. 침실은 서재, 현관, 거실 등 가족이 모이는 공간과 밀접해 있었지만 엄밀히 분리되어 있었고, 널찍하고 개방된 주방 외에 다른 쪽에도 작은 주방이 있었다. 따라서 이 별장의 방문객들은 다 함께 모여 시끌벅적한 아침을 먹을지, 아니면 혼자 조용히 커피와 베이글을 먹을지 자유롭게 선택할 수 있었다.

"이것 봐. 이 정도면 식사를 마치고 모두들 자기가 먹은 것을 스스로 정리할 수 있겠지?"

하워드가 주방에 마련된 식기세척기 다섯 대를 가리키며 자랑스럽게 말했다. 한 집에 식기세척기가 다섯 대라니, 약간 우습기도 했다. 하지만 가족에게 가장 적합한, 연결되면서 독립된 문화를 집 안 곳곳에 녹여낸 것에 대해 하워드는 당연히 자랑스러워할 만했다. 본질적으로 그는 별장에 '따로 또 같이, 서로 도우며 사는 마을'을 만들어낸 것이다.

일요일 점심식사를 끝으로 나는 하워드의 별장을 떠나 다시 현실 세계로 돌아가야 했다. 백미러에 비친 하워드의 모습이 점점 작아져 사라질 때까지 내 입가에는 미소가 떠나지 않았다.

그대는 그대의 삶, 그대로를 살아라

나는 누구이고, 어디로 갈 것이며 어떻게 도달할 것인가?
이 질문에 대한 완전하고 다차원적인 그림을 가지고 있어야만 해.
만약 가지고 있지 않다면 도대체 무엇이 빠졌는지 살펴봐야겠지.
롤모델이 필요한 건 바로 이때야.

10

"다른 사람의 생각에 인생을 맞춰가는 것은 노예나 다름없다."
라와나 블랙웰

Howard's Gift

해군이었던 랄프는 일본군이 기습적으로 폭탄을 투하했을 때 진주만에서 복무 중이었다. 아내 도로시와 6개월 된 아기는 해군 기지에서 그리 멀지 않은 곳에 살고 있었다. 그는 이때 가족을 지키는 것이 곧 나라를 지키는 것이라는 사실을 깨달았다. 진주만 폭격 이후 랄프는 태평양 지역의 가장 치열한 전투에 참가하여 통신부대를 지휘하는 등 뛰어난 활약을 펼쳤다. 그리고 전쟁이 끝난 뒤 그는 통신 관련 경험과 전문기술을 살려 라디오 판매점을 열었고, 그 다음에는 맞춤 음향시스템 사업을 하다가 나중에는 미 서부 지역을 담당하는 제조업체 판매원으로 일했다.

랄프는 다정다감한 성격이었고 누구에게나 호감을 주는 인물이었다. 무엇보다 그는 아들을 사랑했으며 아무리 시시콜콜한 질문이라도 끝까지 귀 기울여주었다. 그는 어린 아들에게 '왜 저 제품이 아니라 이 제품을 판매했는지', '왜 다른 사람이 아니라 이 사람과 사업을 했는지'에 대해 자상하게 설명해 주곤 했다. 그리고 자신이 평생 지켜온 가치에 대해서는 단순히 말로 그치지 않고 매일매일 행동으로 보여주었다. 그는 아들에게 특히 두 가지 원칙을 힘주어 말하곤 했다.

"누구든 도움을 요청하면 기꺼이 도와주어라."

"네가 받은 대가보다 더 많은 가치를 보답하여라."

그로부터 60여 년이 흘러 랄프의 아들은 하버드 경영대학원에서 가장 존경받는 교수 중 한 사람이 되었다. 그는 아버지의 가르침대로 동료나 제자, 친구들에게 '도움'을 주었고, 사업가로서 고객에게 '가치'를 안겨줄 수 있는 방법을 찾아냈다. 그가 바로 지금 나와 함께 산책을 하고 있는 하워드 스티븐슨 교수이다.

"그 두 가지 원칙을 생각해 보면 아버지가 결코 부유해지지 못했다는 사실도 전혀 이상할 게 없지."

하워드가 농담처럼 말했다.

"하지만 나는 아버지가 양심의 가책을 느껴 잠 못 이루는 모습을 단 한 번도 본 적이 없었어. 아버지는 어딜 가나 환영받는 분이었거든."

그의 부친이 그랬듯이 이제 하워드 본인도 가는 곳마다 환영받는 사람이 되었다. 하워드에게 깊은 영향을 준 인물은 비단 아버지뿐만이 아니었다. 어머니 도로시 스티븐슨은 고등학교밖에 안 나왔지만 매우 총명하고 호기심이 강했으며, 유타 주 최초의 여성 아마추어

무선통신 기사 자격증을 보유할 만큼 개성적인 경력을 갖고 있었다. 이런 면은 하워드의 또 다른 특징이기도 했다.

유타 주의 작은 마을 홀러데이의 소년들은 제2차 세계대전 직후 급격히 변해 가는 세상에서 살아남기 위해 주변의 경험 많은 어른들로부터 가르침을 얻고자 했다. 하워드 역시 열두 살 때 보이스카우트에 입단한 뒤 1년 동안 놀라운 속도로 기능장Merit Badge을 획득하여 이글스카우트Eagle Scout(기능장을 21개 이상 받은 보이스카우트 단원 ― 옮긴이)가 되었다. 그는 스카우트의 활동 규범에서 많은 교훈을 얻었을 뿐만 아니라 협력의 진정한 의미와 공동체에 대한 의무감이 무엇인지 깊이 이해하게 되었다. 그 시기의 소년들은 대부분 공황기를 뼈저리게 경험한 어른들로부터 영향을 받았기에 현실을 이해하는 속도가 빠른 편이었다. 하워드는 회계사인 고모에게서 재무 감각을 배웠고, 창의적인 사업가였던 삼촌에게서는 '사람들이 생각하는 한계란 것이 사실은 한계가 아니라 기회'라는 것, 그리고 '나쁜 아이디어란 없으며, 단지 검증되지 않은 아이디어일 뿐'이라는 이야기를 듣고 자랐다. 그런가 하면 85세까지 산을 오르며 아웃도어 스포츠를 즐겼던 할아버지는 어린 하워드에게 모험심과 환경에 대한 경외심을 심어주었다.

그러나 하워드가 1940~50년대 유타의 시골마을에서 얻은 체험들이 오늘날 그의 인생과 업적으로 직접 연결되지는 않는다. 집안은 그다지 풍족하지 않았고, 그가 고등학교에 입학할 때만 해도 세상에는 '기업가 정신'이라는 말이 존재하지 않았으며 MBA란 단어조차도 대학에 가서야 처음 접했다. 그는 자신의 인생 방향을 스스로 정하며 살아야 했다. 성장기에 만난 수많은 '어른'들을 가슴 깊이 존경했지만 하워드는 그들 중 어느 누구의 삶도 흉내 내지 않았고, 다른 사람의 명성에 편승하거나 그들의 로드맵을 뒤쫓지도 않았다.

"지금까지의 인생을 '자기' 시점이 아닌 '3인칭' 시점으로 써봐. 그러면 묘한 기분이 느껴지고, 좀 더 객관적으로 자신을 볼 수 있어. '나'가 아니라 '그'가 되어보면 누구를 어떻게 만났고, 또 어떤 영향을 받았는지 좀 더 구체적으로 바라볼 수 있지. 한번 해보게나."

그래서 나는 하워드가 권유한 대로 내가 아닌 '에릭의 인생'을 되돌아보기로 했다.

에릭은 뉴저지 시골마을의 중산층 가정에서 자랐다. 그곳은 뉴욕에서 차로 한 시간 거리였지만 문화적으로나 경제적으로나 수십 광년은 떨어져 있는 듯했다. 그 시기의 거의 모든 가정이 그랬듯이 에릭의 가족들도 1980년대와 1990년대 초반까지 롤러코스터처럼 오르락내리락하던 경제 상황 속에서 좋았다 나빴다를 반복해 가며 살았다. 에릭은 자라면서 부모로부터 '아무래도 다른 아이와 바뀐 것 같다'는 농담을 자주 듣곤 했는데, 그도 그럴 것이 예절 바르고 다소 엄격한 가풍과는 달리 틈만 나면 사고를 쳤기 때문이다. 그는 항상 새로운 놀이를 생각해 냈고, 모험을 찾아다녔으며, 지역사회의 전통적인 한계를 뛰어넘으려 했다. 반에서 유일한 유대인이었던 에릭으로서는 어쩌면 당연한 반응이었는지도 모른다. 그는 외톨이였으며, 오직 인도에서 온 비크람만이 유일한 친구였다. 비크람과 에릭은 이틀에 한 번꼴로 만나 탁구를 치며 각자의 장래에 대해 고민하기 시작했다. 사춘기의 두 소년은 자신들이 처한 고립적인 환경을 벗어나 뭔가 야심 찬 목표를 갖고 싶었지만, 아쉽게도 그 동네에서는 최상의 경로를 안내해 줄 만한 롤모델을 찾을 수가 없었다. 하지만 비크람에게는 그것이 큰 문제가 되지 않았다. 늘 자신감이 넘쳤던 비크람은 투자자가 되겠다는 구체적인 목표를 스스로 설정했고 그 일에 매진했다. 반면 여전히 목표를 정하지 못한 에릭은 땅거미 질 무렵 호주머니에 손을 넣은 채 뉴저지 북서부의 언덕진 숲 속을 방황하기만 했다.

그 무렵 뉴저지에서 가장 큰 호수인 호팟콩 호 부근의 제퍼슨하우스 레스토랑에서는 앨런과 빌리라는 두 형제가 신나게 음식을 만들고 손님들과 잡담을 나누며 떠들썩하게 살아가고 있었다. 각각 30대 후반, 40대 초반이었던 그들은 여름에는 레스토랑을, 비수기에는 출장요리 사업을 운영하는 등 다각도로 사업을 추진하며 수익성을 높였다.

10대 후반에 접어든 어느 해 여름, 에릭은 아르바이트 자리를 구하려고 제퍼슨하우스를 찾아갔다.

"레스토랑에서 일해 본 적은 있니?"

"솔직히 경험은 없어요. 하지만 뭐든지 할 수 있어요."

에릭은 버거를 굽고 파히타를 만들고 감자를 튀기는 일이야말로 자신의 길이라며 주인 형제에게 깊은 인상을 남기려 애썼다. 다행히 그는 채용되었고 여름 내내 그 호숫가 레스토랑에서 일할 수 있게 되었다.

주방과 홀을 오가며 에릭은 앨런과 빌리 형제에 대해 점차 더 많은 것을 알아갔다. 두 형제는 이미 레스토랑과 출장요리 사업으로 많은 돈을 벌어놓았기에 마음만 먹으면 언제든지 은퇴할 수 있었다. 하지만 그들에게 돈은 그다지 중요한 문제가 아니었다. 아침마다 보트를 타고 나가 장을 보고 손님들을 위해 요리하는 그 자체를 즐겼으며, 주방의 열기와 손님들의 웃음에서 생활의 활력을 얻는 것 같았다.

'도대체 뭘 하던 사람들일까?'

두 형제의 인생 속으로 한발 더 들어가자마자 에릭은 놀라운 사실을 알게 되었다.

앨런은 원래 컴퓨터 과학자였으며 지금도 제퍼슨하우스 주변에 있는 잡동사니로 번듯한 컴퓨터 하나쯤은 거뜬히 조립할 수 있는 실력을 지니고 있었다. 헝클어진 머리와 듬성듬성 자란 수염, 크고 뚱뚱한 덩치에 반바지와 폴로셔츠를 입은 그의 외모 뒤에는 누구보다 예리한 지성과 놀라운 능력이 숨어 있었던 것이다. 그는 실제로 제퍼슨하우스의 보이지 않는 일들을 너무도 순조롭게 처리해 나갔다. 에릭은 시골마을의 레스토랑 주방에서 버거를 뒤집으며 살고 있는 그가 사실은 나사NASA에서 일할 수도 있었다는 사실이 늘 흥미로웠다. 동생인 빌리는 주로 프런트 앞에서 단골손님들과 수다를 떨며 시간을 보냈다. 그는 사람들을 다루는 재주가 남달랐다. 지루해

하는 손님들은 금세 깔깔 웃게 만들었고, 술에 취해 난폭해진 손님들은 점잖게 데리고 나가 호수에 내던지기도 했다. 간혹 '호수에 내던져야 할' 손님들이 좀 많다 싶을 땐 주방에 있던 에릭과 앨런이 프라이팬을 들고 나와 대기하기도 했지만, 그것을 휘두를 기회는 별로 없었다.

에릭은 태어나서 처음으로 타인과 '진정한 관계'를 맺은 느낌이었다. 그는 여름 내내 거의 모든 시간을 레스토랑의 뜨겁고 시끄럽고 붐비는 주방에서 보내면서도 '쉴 새 없이' 즐거웠다. 늘 재미있고 다정하며 때로는 미치광이 같은 앨런과 일하는 것이 정말로 좋았다. 또 빌리와 함께 부두 옆 테이블에 앉아 수다스러운 손님들과 끝없이 잡담을 나누는 것도 좋았다. 영업을 끝내고 주방을 정리한 뒤 두 형제가 하루의 긴장을 풀고 쉬는 동안 에릭은 으레 탁자에 턱을 괴고 앉아 그들과 시간을 보냈다. 그들은 말도 안 되는 헛소리뿐만 아니라 직원을 관리하고 사업을 운영하는 방법이나 책임 있는 성인으로 살아가는 법에 대해 짤막한 강의를 해주기도 했다(물론 둘 다 자신이 '책임 있는 성인'이라고 말한 적은 없었지만).

앨런과 빌리는 어린 에릭에게 '사업가'로 자라날 씨앗을 뿌려준 최초의 인물들이었다. 그들은 경험에서 우러나오는 생생한 사례를 통해 함께 일하는 사람들과 관계를 형성하는 것이 얼마나 중요한지 알려주었고, 에릭의 포부를 끝없이 지지해 주었으며 훗날 그가 코넬대학에 지원할 때 추천서를 써주기도 했다. 25년이 지난 지금, 에릭은 두 형제야말로 자신의 인생에 있어 첫 번째 멘토이자 롤모델이라고 자신 있게 말하고 있다.

이렇게 나의 삶을 마치 구경하듯이 회상하다 보니 10대 시절의 내가 앨런과 빌리를 얼마나 닮고 싶어 했는지, 아니 얼마나 '그들처럼' 살고 싶어 했는지 알 것 같았다. 그 시절 이후 나는 수많은 직업을 거치면서 또 다른 '앨런과 빌리'를 만났고, 그때마다 내가 선택한 롤모델의 삶을 동경해 왔다. 그리고 좀 더 세월이 흐른 지금, '나'를 롤모델로 삼으려는 후배나 부하직원들이 생겨나기 시작했다. 솔직히 기분이 좋았다. 누군들 그렇지 않을까? "선배님의 모든 것을 닮고 싶어요", "당신은 저의 롤모델이에요"라는 말을 들었을 때만큼 흡족한 기분이 또 어디 있겠는가?

* ♟ *

하워드는 정이 많은 사람이지만 웬만해서는 감정을 드러내지 않는 편이다. 특히 그에게서 부정적인 반응을 발견하기란 쉽지 않다. 아무리 언짢고 화가 나는 상황이라도 그의 표정은 늘 잔잔한 호수처럼 변화가 없었다. 그러나 함께하는 시간이 많아지면서 나는 그가 몹시 실망하거나 좌절감을 느꼈을 때 어떻게 반응하는지를 알게 되었다. 누군가 아주 어리석은 말이나 행동을 하면 그는 상대방의 눈을 똑바로 쳐다보며 다음 말을 기다린다. 만일 그가 고개를 약간 숙이며 고개를 가로젓는다면 상대방이 방금 했던 어리석은 말을 똑같이 반복했다는 뜻이다. 내가 이 미묘한 차이를 알고 있는 까닭은 그를 실망시킨 장본인이 바로 나이기 때문이다.

하루 일과가 거의 끝나갈 무렵, 찰스 강변을 향해 걸음을 옮기며 우리는 자기만의 '필생의 일'을 통해 꼭 남기고 싶은 삶의 유산을 어떻게 발전시킬 것인가에 대해 이야기하고 있었다. 그때 하워드는 두 가지 상충되는 목표를 제시하며 "자네라면 이 두 가지를 어떻게 조화시킬 것인가?"라고 물었다. 나는 별생각 없이 이렇게 대답했다.

"그야 뭐, 선생님의 사례를 그대로 따르면 될 것 같은데요."

그러자 하워드는 내 눈을 '똑바로 쳐다보며' 다음 말을 기다렸다.

"선생님의 발자국을 따라가는 것보다 더 좋은 선택이 또 있을까요?"

그 말에 그는 '고개를 약간 숙이며' 고개를 가로저었다. 나는 뜨끔했다. 조금 전까지 따뜻하고 호기심 많던 그의 표정이 딱딱하게 굳어지기 시작한 것이다.

"모래 위를 두 사람이 걸었는데 발자국은 한 사람 것밖에 없다면 정말 괴이하지 않을까?"

"예?"

"한 사람의 인생이란 그가 내린 '선택의 총합'이야. 만일 자네가 나의 선택을 그대로 따른다면 그건 '에릭의 삶'일까, '하워드의 삶'일까? 나는 하워드 스티븐슨의 복제인간을 보고 싶은 생각은 추호도 없어."

나는 당혹스러웠다. 사실 대부분의 경우 이런 대화는 가벼운 농담처럼 그냥 스쳐 지나가거나 혹은 '귀여운 아첨' 정도로 여겨질 것이다. 하지만 하워드에게는 그렇지 않았다.

"이봐, 에릭. 오늘은 산책 대신 칵테일이나 한잔하는 게 어때?"

혹시 나 때문에 산책할 마음이 싹 가신 것은 아닐까 싶어 마음이 조금 무거워졌다.

"내가 가끔 혼자 들르는 곳이 있는데, 마티니 맛이 썩 괜찮거든."

우리는 산책 코스에서 벗어나 광장 쪽 번화가로 걸음을 옮겼다.

"사람들은 흔히 롤모델이 남긴 유산과 그가 걸어간 길을 쉽게 취할 수 있다고 믿는 경향이 있어."

하워드가 말했다.

"하지만 그건 함정이야. 타인의 비전과 유산이 아무리 그럴듯해 보여도 그건 딱 한 사람, 즉 본인에게만 맞추어져 있지. '같은 강에 두 번 발을 담글 수 없다'는 옛말처럼 롤모델과 똑같은 결과를 기대하며 발자국을 그대로 따라가는 것은 불가능하단 얘기야. 롤모델은 자신이 겪은 일을 경험하지 않았고, 같은 기억을 갖고 있지 않아. 같은 사람을 사랑하지 않은 건 당연한 거고. 결국 그 사람은 자네와 다른 사람이야."

하워드는 서점과 상가들 사이사이로 능숙하게 길을 찾아가며 계속 말했다.

"성공이나 성취, 명예, 부라고 표시된 옷장에서 맘에 드는 옷을 꺼내 입었다 한들, 과연 그 옷이 자기 몸에 맞을까? 인생의 중요한 선택에 직면했을 때 사람들은 '옷장에서 기성복을 꺼내듯' 이미 성공한 사람이 했던 방식을 따르려 하지. 롤모델이 가치 있다고 여기는 일에 편승하는 것이 스스로 자신의 가치와 목표를 정의하는 것보다 더 간단한 방법이기 때문이야. 물론 그게 더 빠르고 효율적인 것도 사실이지만, 길게 보면 진짜가 아닐뿐더러 결코 효율적이거나 지속 가능하지도 않아."

그의 이야기를 듣는 동안 내 생각은 점점 '에릭의 인생'을 향해 달려가고 있었다. 나는 어릴 때 앨런과 빌리 형제처럼 '빨리 성공하고 일찌감치 은퇴하여' 호숫가 레스토랑 같은 데서 하루하루를 느긋하고 편안하게 살고 싶어 했다. 좀 더 성장해서는 호텔 주아 드 비브르의 설립자인 칩 콘리의 경력을 고스란히 복제해서 갖고 싶어 했으며, 지금은 오로지 하워드의 모습을 닮고자 한다. 그런데 지금 '내가 닮고 싶어 하는' 그가 정신 차리라며 뒤통수를 후려친 셈이다.

"언젠가 찰스 슐츠가 이런 말을 했었지. '너 자신이 되어라. 다른 사람들은 이미 선택되었으니까.'"

머릿속으로 찰스 슐츠가 탄생시킨 유명한 캐릭터 스누피를 떠올리는 순간, 하워드는 웬 작고 허름한 식당 문을 마치 자기 집인 양 열어젖혔다. 나는 '아직도 이런 식당이 있었나?' 하는 심정으로 하워드를 따라 들어갔다. 피자와 파스타를 전문으로 하는 이탈리아 식당이었다.

"어이, 요다! 오늘 무슨 바람이 불었지? 이 시간에 여길 다 찾고?"

나는 깜짝 놀랐다. 앞치마를 두른 60대 주인 양반이 하워드를 '요다'라고 부르며 주먹으로 가슴팍을 툭툭 치고 있지 않은가?

"오늘따라 이 집 마티니가 몹시 당기지 뭔가. 어때, 이 젊은 친구를 단골로 만들 자신은 있겠지? 에릭일세, 내 훌륭한 말벗."

하워드가 소개를 하자마자 주인은 털북숭이 팔을 뻗어 내 손을 꽉 쥐고 흔들었다.

"자네가 에릭이로구먼. 난 찰리라네, 다들 빅 찰리라고 부르지."

찰리는 정말 '빅'이라는 별명답게 거구였다. 나이는 하워드와 비슷해 보였지만 온몸에서 뿜어져 나오는 에너지는 팔팔한 20대처럼 느껴졌다.

"이봐, 찰리! 우린 저 구석에 처박혀서 얘길 나눌 테니까 자넨 뭐든지 자신 있는 걸로 알아서 내오게, 알았지?"

하워드는 나를 구석진 창가로 데려갔다. 나는 마치 하워드의 젊은 시절로 시간여행을 하는 기분이었다. 자리에 앉자마자 그는 곧바로 본론을 얘기하기 시작했다.

"롤모델이란 '누구처럼' 성공하기 위해서가 아니라 '나답게' 살아가기 위한 일종의 참고인이라 할 수 있어. 그런데 나답게 살기 위해서는 '무엇이 나다운 것인가?'라는 질문을 도저히 피해 갈 수가 없지 않겠나?"

하워드는 손바닥을 가슴에 갖다 대며 '무엇이 나다운 것인가?'라고 거듭 강조했다.

"나답게 산다는 것은 정말 멋진 일이지만, 결코 쉬운 길은 아니야. 생각하고 검토하고 반성해 가며 꾸준히 가다듬는 과정이 필요하거든. 그래서 사람들은 그 모든 귀찮은 과정을 생략하고 오직 '단 하나의 롤모델'을 따르고 싶어 하지. 사실 한 명의 롤모델에 '올인'하는 것은 참 속 편한 일이니까. 하지만 그건 결국 흉내에 지나지 않아."

그의 이야기를 듣는 동안 나는 점점 얼굴이 달아올랐다. 아무 생각 없이 '선생님의 발자국을 따라가는 것보다 더 좋은 선택이 또 있을까요?'라고 했던 게 부끄러웠다.

"사실 젊은이들일수록 롤모델을 맹목적으로 추종하려는 경향이 있는 것 같아. 그건 아마 우리 시대의 구석구석까지 스며들어 있는 '유명인의 신화' 때문이기도 할 거야. 사람들은 성공한 사람, 유명한 사람을 보면서 마치 당연하다는 듯이 그 성공을 복제하려고 하잖아. 물론 새로운 일을 시작할 때 그 조직의 '스타'에게 관심을 갖고 그들을 모방하는 건 일정 부분 이해가 돼. 새로운 환경에 적응하고 조직의 가치를 좀 더 빨리 이해할 수 있는 방법일 테니까. 하지만 롤모델이 보여주는 단편적인 요소에만 초점을 맞춘다면 결국 나와는 전혀 다른 비전을 가진 사람을 모방하게 되는 셈이지. 생각해 봐, 어느 날 거울 앞에 서서 '이게 과연 내가 바라던 삶일까?' 하고 중얼거리게 되는 일은 없어야 하지 않겠어?"

"그럼 롤모델이란 건 소용없단 말씀인가요?"

"아니, 롤모델에 대한 정의를 다시 세워보잔 말이야. 내 생각에 롤모델이란 하나의 특정한 인물이 아니라 여러 이미지들이 합쳐진 가상의 친구가 아닐까 싶군. 먼저 '되고 싶은 나'의 전체 이미지를 떠올린 다음, 다양한 사람들로부터 그 이미지를 구성하는 각각의 특성들을 모아 새롭게 만든 일종의 모자이크인 셈이지."

그때 빅 찰리가 마티니 두 잔을 가져왔다. 하워드는 마치 성스러운 예식을 치르듯 잔을 들더니 천천히 잔을 기울였다. 나도 그를 따라 한 모금 살짝 마셔보았다. 기막힌 맛이었다. 나는 팔짱을 낀 채 반응을 기다리고 있던 찰리를 향해 엄지손가락을 치켜들었다.

"이봐, 찰리! 방금 이 가게에 단골 하나가 생겼구먼."

하워드가 껄껄 웃으며 말했다.

찰리가 돌아간 뒤 나는 이 가게를 이제야 알려준 것에 약간의 서운함을 표시하며 하워드에게 다음 질문을 던졌다.

"그럼 선생님의 모자이크 롤모델에는 몇 명쯤이나 포함되어 있습니까?"

하워드는 손가락을 하나, 둘 접어가며 숫자를 세기 시작했다.

"글쎄……, 열 명? 스무 명? 잘 모르겠구먼, 한 번도 세어본 적은 없어서."

내가 멀뚱멀뚱 쳐다보기만 하자 하워드는 웃으며 말했다.

"사실 몇 명인지는 중요하지 않아. 왜냐하면 그 숫자는 계속 바뀔 테니까. 새로운 도전으로 옮겨갈 때마다 롤모델의 모자이크도 늘 변하기 마련이지. 지금 나는 '행복하게 은퇴한 사람은 누구이며 내가 그들로부터 배울 수 있는 것은 무엇인가?'란 질문을 가지고 롤모델이 될 만한 누군가의 한 부분을 찾고 있다네."

"선생님 말씀대로라면 롤모델을 찾기 전에 먼저 스스로에 대한 '질문'이 있어야겠군요."

"그런 셈이지. 자, 여기 이 창밖을 내다보게. 뭐가 보이나?"

창밖으로 오래된 서점이 보였다.

"서점이요."

"자, 그럼 저쪽 창문으로는 뭐가 보이지?"

"편의점이 보이는군요."

"그래, 어느 창문으로 내다보느냐에 따라 보이는 게 달라지겠지?"

하워드는 탁자 위에 냅킨 석 장을 펼쳐놓더니 피라미드를 그리기 시작했다. 그런 다음 피라미드의 맨 아랫부분은 '유산', 그 위에는 '경력', 그리고 맨 위에는 '직업'이라고 적었다.

"나는 롤모델을 고려할 때 이렇게 세 가지 창문을 적용하곤 해. 먼저 유산이라는 창문으로 봤을 때, 내가 누구이고 어떤 사람이 되고 싶은지에 대한 생각들이 롤모델의 자질과 들어맞는지부터 살펴봐야겠지. 사람들은 흔히 롤모델이 이룩한 유산을 통째로 가져와서 자기 기준에 맞추려고 하는데, 그건 곤란해."

하워드는 롤모델의 윤리적인 기준이나 원칙, 혹은 에너지를 쏟는 그들만의 방식, 타인과 공감하고 연결하는 방식 등 비전을 구성하는 요소들부터 관찰해야 한다고 말했다. 마찬가지로 '경력'이라는 창문을 통해 롤모델을 고려할 때도 역시 같은 방식으로 그들이 선택한 직업과 경력을 살펴봐야 한다고 했다.

"사실 경력은 유산보다 좁은 관점이라고 볼 수 있지. 자신의 경쟁 우위를 평가하고자 할 때나 추가적으로 강점을 개발해야 할 때, 혹은 문제를 해결하거나 취약한 영역을 개선하고자 할 때 우리는 이 '경력의 창문'을 통해 롤모델의 이미지를 찾을 수 있어."

마지막으로 '직업'이라는 창문이 있었다. 하워드는 이것이 세 가지 창문 가운데 가장 좁으면서도 가장 명확하다고 말했다.

"이 창문을 통해 우리는 특정 조직이나 직업에서 목표를 달성하는 데 필요한 전략과 전술을 찾아볼 수 있을 거야. 현재 자신의 능력을 어떻게 발휘할지, 현 직장에서 어떻게 성장기회를 찾아야 할지, 조직에서 좀 더 상위로 올라가려면 어떻게 해야 할지, 이런 등등의 단서를 롤모델에서 찾아봐야겠지."

이렇게 보면 직업적 차원에서는 롤모델에 대한 '예측치'를 비교적 쉽게 내놓을 수 있을 것 같았다. 유산이나 경력의 차원보다 범위가 좁고 변수도 적기 때문에 어떤 롤모델이 적합한지 예측하기가 한결 쉬운 것이다. 하지만 중요한 것은 이것이 상대적으로 좁고 단기적인 예측이라는 점이다.

"그래서 세 가지 차원을 통합하는 것이 중요하지. 그렇다고 무작정 밖으로 나가 A, B, C 각 줄에서 롤모델을 하나씩 찾으라는 건 아니야. 창밖을 보되 유리에 비친 자기 얼굴도 함께 봐야 한다는 걸 잊지 말게. 자신의 여러 모습과 연관된 롤모델을 신중하게 찾아야 해."

나는 탁자에 놓인 석 장의 냅킨에만 집중하느라 빅 찰리가 와 있는 걸 미처 눈치채지 못하고 있었다. 그는 먹음직스러운 요리를 양손에 든 채 우리를 번갈아 쳐다보고 있었다.

* *

빅 찰리는 계속해서 요리를 내왔다. 나는 요리와는 전혀 상관없어 보이는 그의 외모에서 어떻게 이런 맛이 나오는지, 그리고 하워드와는 도대체 어떤 사이인지 점점 궁금해졌다. 게다가 이 정도 요리라면 얼마든지 가게를 확장하거나 체인점을 낼 수 있을 것 같은데 어째서 이렇게 좁고 낡아빠진 길모퉁이 식당으로 만족하는지도 의아했다. 하지만 하워드의 생각은 온통 롤모델이라는 주제에만 머물러 있었다.

"결국 나는 누구이고, 어디로 갈 것이며 어떻게 도달할 것인가? 이 질문에 대한 완전하고 다차원적인 그림을 가지고 있어야만 해. 만약 가지고 있지 않다면 도대체 무엇이 빠졌는지 살펴봐야겠지. 롤모델이 필요한 건 바로 이때야."

"하지만 그런 식으로 맞춤형 롤모델을 찾기가 만만치 않을 텐데요?"

"그러니까 '창문'을 통해 범위를 좁혀가며 신중하게 살펴봐야지. 자네도 알다시피 나는 어릴 때 보이스카우트 활동을 꽤 열심히 했잖아. 그때의 경험으로 비유를 하자면, '내가 선택한 분야에서 먼저 메달을 획득한 사람'을 눈여겨봐야 해."

"메달이요?"

"보이스카우트에서는 한 영역에서 확실한 기술과 지식을 발휘하면 기능장이라는 메달을 받게 되지. 마찬가지로 인생에서도 좋은 부모 되기, 유명해지기, 교양 쌓기, 지역사회에 봉사하기, 부유해지기 등등 수많은 분야가 있잖아? 어떤 분야건 특정한 메달을 받고 싶다면 이전에 그 메달을 받았던 롤모델을 찾아야 할 거야."

"롤모델을 잘못 선택하는 경우도 얼마든지 있겠군요?"

"맞아. 사람들은 제각각 너무나 달라서 정말 모델로 삼을 만한 사람을 찾기란 결코 쉽지 않아. 심지어 적합한 롤모델이라고 확신했을 때조차도 아닌 경우가 많거든."

그는 하버드에서 학생을 가르치기 시작한 첫 학기를 회상하기 시작했다.

"그때 내 눈에는 선배 교수들이 죄다 롤모델처럼 보였어. 다들 훌륭하고 멋진 분들이었지. 하지만 첫 학기가 끝날 무렵, 뭔가 어긋나 있다는 사실을 알게 된 거야."

당시 하워드는 두 가지 면에서 중대한 차이를 발견했다. 첫째, 동료나 선배 교수들은 '경영자 교육'에만 집중할 뿐, 하워드가 추구하고자 했던 '기업가 정신'에 관심을 가진 사람은 아무도 없었다는 것. 둘째, 하워드는 새로운 발상이야말로 교육의 전부가 되어야 한다고 생각했지만 대부분의 교수들은 기존 방식을 바꾸려 하지 않았다는 것.

"어느 순간 내가 모방하려는 사람들이 나와는 다른 길을 가고 있다는 사실을 깨달았지. 그들은 '성공'을 다르게 정의했을 뿐만 아니라 그다지 행복해 보이지도 않았어. 그래서 하버드를 그만두고 다시는 돌아가지 않기로 결심한 거야. 요컨대 내가 관찰한 개인들은 본질적으로 내가 원하는 모델이 아니었던 셈이지."

사실 하워드가 서른여섯의 나이에 종신교수직 제안을 거절하고 하버드 경영대학원을 그만둔 것은 전례가 없는 이변이었다. 하지만 그것은 하워드가 할 수 있는 유일한 선택이자 비교적 쉬운 결정이었다. 왜냐하면 그의 주변 사람들은 하워드가 추구하는 메달에는 흥미가 없었고, 무엇보다 당시의 하버드가 그의 비전과는 맞지 않았기 때문이다. 정작 하버드에 변화의 조짐이 일기 시작한 것은 그가 떠난 뒤부터였다. 몇 년 뒤 새로운 학장이 취임하면서 교수진의 역할에 대해 새로운 시각이 생겼고, 결과적으로 하버드 경영대학원은 중요한 발전을 이루게 되었다. 그 뒤 하워드는 다시 하버드로 돌아왔고, 그때부터 학부에 기업가 정신 과정이 생겨났다.

이야기를 듣는 동안 나는 문득 인생을 '자기답게' 살아가는 하워드만의 힘이 도대체 어떻게 형성된 것인지 궁금해졌다. 그는 어린 시절부터 자신의 인생 방향을 스스로 설정했다. 그는 가족을 존경했고, 그를 둘러싼 지역사회를 존중했으며, 선생님으로부터 많은 것을 배웠다. 하지만 다른 사람의 뒤를 그대로 따라가지는 않았다. 다른 사람의 명성에 편승하지도, 다른 사람의 로드맵을 뒤쫓지도 않았다. 대신 그는 자신이 누구이고, 무엇을 하며, 왜 하는지, 또 어디로 갈 것인지에 대한 생각들을 분명히 인식하고자 노력했다. 그리고 그런 바탕 위에서 롤모델의 경험과 지식을 참고하여 자기만의 통합적인 모자이크를 만든 것이다.

"선생님, 그런 생각은 도대체 몇 살 때부터 하셨죠?"

그러자 하워드는 손을 들어 빅 찰리에게 "한 잔 더!"라고 주문한 뒤 느긋한 자세로 이야기를 시작했다.

"알다시피 나는 유타 주의 시골마을에서 자랐네. 그때 보이스카우트 활동을 하던 또래들이라면 누구나 이글스카우트가 되고 싶어 했지. 나 역시 굉장한 노력을 했어."

그러나 하워드가 21개의 메달을 모두 따고 싶었던 진짜 이유는 당시 보이스카우트를 이끌던 윌슨 대장의 관심을 끌기 위해서였다. 30대 초반의 윌슨은 당대 최고의 스타였던 록 허드슨을 쏙 빼닮은 외모에 강인하면서도 다정한 품성을 지닌 젊은이였다. 그는 소년들의 우상이자 마을에서 가장 인기 있는 인물이었다. 어린 하워드의 눈에 윌슨은 그야말로 '모든 것을 지닌' 사람처럼 보였다. 보이스카우트 소년들은 오로지 '윌슨의 사랑을 받기 위해서'라고 해도 과언이 아닐 만큼 열심히 활동에 임했다. 그들은 윌슨처럼 입고 싶어 했고, 윌슨처럼 운동을 잘하고 싶어 했으며, 윌슨처럼 똑똑해지고 싶어 했다. 하지만 대부분의 소년들이 20개의 메달까지는 가까스로 획득했지만, 마지막 관문인 '서바이벌'에서 항상 주저앉고 말았다. 서바이벌은 지도 한 장만 갖고 숲 속 어느 한 지점을 정확히 찾아가는 최종 시험이었다. 그동안 배우고 익힌 모든 기술을 총동원해서 강을 건너고 절벽을 기어오르며 정글처럼 빽빽한 숲을 찾아가야 하는 난코스인 만큼 대부분이 중도에서 탈락했던 것이다. 그런데 하워드가 열세 살이 되던 해 여름, 두 명의 소년이 그 어려운 미션을 완수했다. 승리자에게 주어지는 보상은 비단 이글스카우트라는 명예뿐만이 아니었다. 두 소년은 윌슨 대장과 함께 텐트에서 하루를 보내며 바비큐를 굽고, 모닥불 가에 앉아 밤새도록 이야기를 들을 수 있는 환상적인 기회를 누릴 수 있었다. 그런데 그날 두 소년은 굉장한 충격을 받고 말았다. 영웅이었던 윌슨 대장의 진짜 모습, 즉 우울증을 앓고 있는 초라한 30대 남자를 보게 된 것이다. 그날따라 우울증이 더 심해진 탓인지 윌슨은 두 어린 소년 앞에서 술을 마셔가며 자신의 과거사를 주절주절 읊어댔다. 2차대전 당시 아버지와 형들을 차례로 잃고 난 뒤 방황을 거듭하며 일찌감치 소년원을 들락거렸고, 성인이 되어서도 어느 한 곳에 적응하지 못한 채 여러 직업을 전전하며 떠돌이로 살아왔다. 그러는 동안 친구로부터의 배신, 아내와의 이혼 등을 수차례 경험하며 사람에게 뿌리 깊은 불신을 갖게 되었다. 누구에게나 친절했던 윌슨의 이면에는 '누구도 믿지 않는' 마음이 도사리고 있었던 것이다. 윌슨은 훌쩍거리며 앉아 있는 두 소년에게 이제 곧 이 마을을 떠날 생각이라며 마지막으로 의미심장한 말을 들려주었다.

"너희들은 이제 소년이 아니라 남자야. 그래서 하는 말인데, 남들의 겉모습에 속지 마라. 눈에 보이는 것만 믿다가는 언젠가 큰 코 다치는 날이 올 거야. 그리고 정말 멋지게 살고 싶다면 얼른 이 마을을 떠나야 해. 세상엔 나 같은 패배자가 아니라 진짜로 괜찮은 사람들도 많거든. 너희들이 누군가를 본받고 싶다면 그런 사람들을 찾아다녀야 할 거야. 그 사람들이 하는 이야기를 잘 들어봐. 단, 곧이곧대로 몽땅 믿지는 말고."

숲에서 돌아온 소년들은 더 이상 윌슨 대장을 볼 수 없었다. 윌슨이 어디로 갔는지, 왜 사라졌는지 아는 사람은 아무도 없었다.

"그 두 소년이 누굽니까? 한 사람은 선생님이 틀림없을 테고 또

한 사람은……."

그때 빅 찰리가 마지막 잔이라며 칵테일을 가져왔다. 그 순간 나는 또 한 명의 소년이 누군지를 직감적으로 알아차렸다. 그는 바로 빅 찰리였다. 내 표정을 보더니 하워드와 찰리가 동시에 껄껄 웃기 시작했다.

빅 찰리의 가게를 나오며 하워드는 마지막으로 이렇게 말했다.

"찰리 저 친구도 그렇고 나도 그렇고, 평생 '나답게 사는 것'이 무엇인지를 고민하며 살아왔지. 자네도 그렇지 않나? 멈추지 말고 자네에게 영감을 주는 사람들을 찾도록 하게. 단, 그들이 자네의 흥미를 끌 수 있었던 이유가 무엇이었는지는 잊지 말아야 해. 그들이 이룩한 성과가 아니라 어떤 목표를 가지고 어떤 선택을 해왔는지를. 그리고 무슨 일이 있어도 자네가 보는 성공이 그들의 전부라고 생각하지는 말게."

당신 인생에 투자할 진정한 멘토를 찾아라

참된 지혜일수록 한곳에 머물지 못하는 성질을 지녔다. 그것은 한 개인의 소유물이 아니며 사람과 사람 사이를 끝없이 옮겨 다니는 '번영의 씨앗'과도 같다. 그래서 가치 있는 경험을 통해 깨달음을 얻은 사람은 기꺼이 그 지혜를 다른 이들과 나누고, 또 그들은 자신이 얻은 가치를 더 많은 사람들과 나눔으로써 마침내 거대한 멘토링 사이클이 형성되는 것이다.

"나 자신의 삶은 물론 다른 사람의 삶을 삶답게 만들기 위해
끊임없이 정성을 다하고 마음을 다하는 것처럼 아름다운 일은 없습니다."

톨스토이

Howard's Gift

어느 해 늦가을, 나는 출장차 뉴저지를 방문하게 되었다. 도착해서 며칠 동안은 처리해야 할 업무 때문에 정신없이 보내다가 떠나기 전날에야 문득 고향마을이 궁금해졌다. 좀 더 정확히 말하면 호팟콩 호의 제퍼슨하우스 레스토랑이 궁금했던 것이다.

"이게 누구야, 에릭 아닌가?"

이제 초로의 나이에 접어든 빌리가 두 팔로 나를 덥석 안으며 반겨주었다.

"앨런 아저씨는요?"

"그 양반은 지금 마이애미에 가 있지. 늙을수록 햇볕을 쬐어줘야 한다나."

"그럼 여긴 혼자서 운영하시는 거예요?"

"혼자는 무슨, 저기 저 녀석이 있잖아."

빌리가 턱짓으로 주방을 가리켰다. 오래전 내가 땀을 뻘뻘 흘리며 감자를 튀기던 주방에는 웬 20대 청년이 해적 두건을 쓴 채 열심히 고기를 굽고 있었다.

"누구예요?"

"응, 내 아들이야. 많이 컸지?"

"쟤가 마이클이에요? 정말 몰라보겠군요."

어릴 때 체구도 작고 샌님 같았던 소년이 지금은 격투기 선수처럼 건장한 청년으로 변해 있었다.

"반가워요, 에릭!"

마이클이 주방에서 손을 흔들며 아는 척을 해왔다. 그것은 사실상 내가 마이클을 처음 만나는 순간이기도 했다.

그날 저녁 나는 오랜만에 빌리와 함께 호숫가 자리에서 맥주를 마시며 늦도록 이야기를 나누었다. 그런데 밤이 깊어지자 빌리가 한숨을 길게 내쉬며 난데없이 고민을 털어놓기 시작했다.

"어릴 때 어머니는 우리 형제들한테 이런 말씀을 자주 하셨지. '앨런은 숫자를 잘 다루고, 빌리는 사람을 잘 다뤄.' 물론 그건 사실이었어. 내 아들 마이클이 성인이 되기 전까지는."

"그게 무슨 뜻이죠?"

"나는 사람을 만나면 직감적으로 그가 무엇을 원하는지, 어떻게 해야 상대가 마음을 열 수 있는지를 알 수 있었어. 타고난 재능이라는 건 인정해. 헌데 정작 내 아들한테만큼은 그 재능이 도통 먹히지 않는단 말이야. 정말 미치겠더군."

빌리의 말에 의하면 마이클은 고교 시절부터 이미 '터프가이'로서 온갖 말썽을 부리기 시작했다고 한다. 공부는 뒷전에다가 틈만 나면 싸움질을 일삼더니 결국은 대학 진학을 포기하고 그때부터 방황을 거듭하며 살아왔다는 것이다. 빌리는 '예전에 거친 손님들을 다루듯이' 마이클을 윽박질러 보기도 하고, 또 살살 달래보기도 했지만 죄다 소용없었다고 한다.

"마이클이 정말 하고 싶어 하는 일은 뭔가요?"

"이젠 나도 모르겠어. 워낙 자주 바뀌는 통에……."

빌리는 최근 몇 년 동안 마이클이 전전했던 수많은 직업들을 하나하나 늘어놓기 시작했다. 마이클은 자동차 정비공에서부터 피자 배달원, 여행사 가이드, 운전기사 등등 짧게는 일주일, 길게는 6개월쯤 일하다가 '이 꽃에서 저 꽃으로' 날아다니는 나비처럼 번번이 자리를 옮겨 다녔다.

"자네도 알다시피 나는 이 지역에서 꽤 인맥이 탄탄하지 않나? 그래서 마이클이 새로운 직종에서 일할 때마다 그 분야의 베테랑들을 소개해 줬어. 말하자면 마이클을 위한 일대일 맞춤형 멘토를 붙여준 셈이지. 어쨌거나 마이클에게는 '좋은 영향을 줄 수 있는' 사람들이 필요했으니까 말이야."

그러나 빌리의 '맞춤형 멘토링 프로그램'은 그다지 효과를 보지 못했다. 결국 빌리는 온갖 설득 끝에 일단 마이클을 레스토랑으로 데려와 자신이 직접 일을 가르치기 시작했다. 주방이나 홀에서 일을 하다 보면 차츰차츰 아버지의 사업을 배우게 되리라 기대한 것이다.

"마이클이 여기서 일한 지 얼마나 됐나요?"

"그러고 보니 이제 거의 1년이 다 돼가는군."

"그럼 이 일이 적성에 맞는 모양이군요?"

"그런 것 같긴 한데 내가 보기엔 그다지 열의가 없는 듯해. 언제라도 여길 벗어날 궁리만 하고 있는 것 같단 말이지."

그날 빌리와의 대화는 거기까지였다. 헤어질 때 나는 별생각 없이 빌리에게 말했다.

"기회가 되면 마이클하고 얘기를 좀 나눠보고 싶군요."

그러고는 내 명함을 빌리에게 건네주었다.

* 🚶 *

나는 다시 보스턴으로 돌아와 업무에 복귀했고 정신없이 바쁜 나날을 보내기 시작했다. 솔직히 말해서 나는 마이클을 까맣게 잊고 있었다. 빌리에게 명함을 준 것도 사실은 예의 차원에 불과했던 것이다. 그래서 어느 날 전화가 걸려와 "저 마이클이에요" 했을 때 적잖이 당황할 수밖에 없었다.

"어 그래, 마이클! 보스턴엔 웬일이야?"

"휴가를 받았어요. 한 며칠 여행 좀 다니다가 형 생각이 나서 전화했어요."

결론부터 말하면 나는 그날부터 열흘 동안 마이클을 매일매일 만나다시피 했다.

빌리가 마이클을 내게 보낸 것은 아니라 해도 이렇게 만나게 된 이상 뭔가 '좋은 영향'을 줘야겠다는 의무감을 떨칠 수가 없었다. 나는 하워드가 내게 그랬듯이 마이클을 데리고 여기저기 산책을 다니며 많은 이야기를 나눴다. 마이클은 아버지를 닮아 에너지가 넘치는 청년이었다. 그러나 그 응축된 에너지를 발산할 만한 기회를 찾지 못하고 있었다. 아버지의 레스토랑에서 일을 배우기 이전에도 그는 '자기만의 레스토랑'을 운영하고 싶다는 생각이 있었지만 구체적인 경력의 목표가 없다는 것이 문제였다. 나는 마이클이 장단기 목표를 정할 수 있는 기회를 얻고자 한다면 내가 알고 있는 몇몇 외식업체를 소개해 주겠다고 말했다. 하지만 그는 내 이야기를 듣는 둥 마는 둥했다. 요컨대 나는 마이클이 '필생의 일'을 찾아 자신의 잠재력을 아낌없이 발휘할 수 있을 만한 기폭제 역할을 전혀 못 하고 있었던 것이다. 결국 나는 커다란 고민을 안은 채 하워드를 찾아갈 수밖에 없었다.

"에릭, 촉매가 뭔지 알지?"

마이클 이야기를 다 듣고 난 뒤 하워드가 느닷없이 물었다.

"……화학 반응을 일으키거나 촉진시키는 물질이잖아요."

솔직히 난 이런 질문을 받을 때마다 은근히 위축되곤 한다. 그도 그럴 것이 학창 시절에 화학이나 물리 같은 과학 과목에서 항상 낮은 점수를 받았기 때문이다.

"더 정확히 말하면, 촉매란 무언가를 변화시킨 뒤에도 그 성질이

변하지 않고 지속적으로 효과를 내는 물질이지."

하워드는 찰스 강 주변의 단풍나무들을 바라보며 심호흡을 한 뒤에 이렇게 말했다.

"자네가 지금 쓰고 있는 책도 일종의 촉매나 기폭제가 됐으면 해. 그러자면 독자들에게 필생의 일에 대한 새로운 사고방식을 제시하고, 보다 실행 가능한 아이디어를 제공해야 할 거야."

"100퍼센트 동감입니다."

"그런데 문제는 책이란 게 '사람이 아닌 무생물'이라는 점이지. 책은 독자들에게 일방적으로 정보를 제공할 뿐이잖아. 말은 하되 들을 수는 없다는 얘기야. 그래서 독자들은 우리가 제시한 아이디어를 어떻게 적용할지에 대해 직접 소통할 기회가 없어. 또 우리는 독자들 개개인이 어떤 사람인지 모르기 때문에 그들의 유일하고도 구체적인 상황에 대해 조언해 줄 수도 없고, 조언해 줄 자격이 있는지조차도 알 수 없지."

하워드의 말을 듣는 동안 나는 속으로 마이클을 생각하고 있었다. 어쩌면 나는 마이클에게 일종의 '책' 같은 존재로 다가가려 했던 것은 아닐까? 내가 마이클에게 해줬던 말은 분명 내가 '옳다'고 여긴 것들이었지만, 그것만으로 소통이 이루어졌다고 할 수는 없을 테니까.

"그래서 비슷한 문제로 먼저 시행착오를 겪었던 누군가로부터 실질적인 경험을 직접 듣고 배우는 게 중요해. 그리고 자신이 씨름하고 있는 질문에 대해 구체적이고 명확한 지침을 구하는 일이 얼마나 중요한지를 늘 염두에 둬야 할 거야."

"하지만 선생님께서 말씀하신 촉매나 기폭제란 게 누군가 꼭 필요로 할 때마다 제깍제깍 나타나는 것은 아니잖습니까? 사실 전환점이 지나갈 때까지 기폭제가 필요하다는 사실조차 깨닫지 못하는 경우도 많으니까요. 그래서 제 생각에는 의식적으로 자기 주변에 팀을 만들어야 한다고 생각합니다. 자신의 성공을 위해 투자할 사람들로 구성된 팀 말입니다."

"이를테면 멘토 말인가?"

"예."

하워드는 이야기가 본론으로 접어들었다는 듯 만족스러운 표정을 지었다.

"멘토가 사람 이름이란 건 자네도 알고 있지?"

"그럼요."

호메로스의 『오디세이』를 보면 오디세우스가 트로이전쟁을 위해 긴 원정을 떠난 사이 그의 어린 아들을 지도하고 보살펴주는 인물이 등장한다. 지혜와 연륜을 갖춘 그 인물이 바로 멘토이다. 오늘날 멘토는 현명한 조언자나 상담자, 또는 경험이 적은 사람에게 안내와 통찰을 제공하는 사람이라는 의미로 일반화되어 있다.

"헌데 주변을 둘러보면 멘토의 실질적인 개념을 잘못 이해하거나 과소평가하는 경우가 의외로 많아."

하워드는 안타깝다는 듯 혀를 찼다. 나는 다시금 마이클을 떠올렸다. 그는 아버지를 닮아 늘 자신만만하고 누굴 만나도 웬만해서는 기가 죽지 않는 청년이었지만, '경청'에 있어서만큼은 몹시 부족한 편이었다.

"요즘은 웬만해선 누군가의 충고를 받아들이려고 하지 않거든. 하기야 젊은이들이 충고를 거부하는 건 예나 지금이나 자연스러운 현상이라고 볼 수 있지. 또 나름대로 자신만만한 사람들은 자존심을 내세우거든. 그들은 조언을 구하는 것이 곧 자신의 약한 모습을 보이는 거라고 여기곤 해. 그런가 하면 자신이 직접 경험하지 않은 일들에 대해서는 아예 인정하지 않는 사람들도 있지. 이유는 제각각이지만, 결국은 지적이고 감성적인 에너지를 보충해 줄 수 있는 깊고 풍부한 자원을 제대로 활용하지 못하는 셈이야."

"온라인 문화의 영향도 있지 않을까요?"

"왜 없겠나? 너도나도 손가락 하나만으로 얻을 수 있는 정보의 세계를 찬양하느라 정작 실제 경험을 통해 축적한 '진짜 지식'은 못 만나고 있지."

"하지만 요즘은 많은 회사들이 멘토링 제도를 운영하고 있잖습니까?"

"물론 의도는 좋아. 하지만 멘토링 프로그램에는 효과적인 방법과 비효과적인 방법이 있고, 지금까지 내가 지켜본 바로는 아쉽게도 효과적이지 않은 방법이 더 많아."

"실행이 의도를 못 따라간단 말씀인가요?"

"그런 셈이지. 대부분의 조직에서는 업무의 외형적인 공통점이나 경력의 많고 적음에 따라 멘토와 멘티를 정하곤 하잖아. 가령 베테랑 스포츠 기자가 젊은 후배에게 메이저리그 선수들을 어떻게 인터뷰해야 하는지 가르쳐주는 식이지. 하지만 이런 방식은 좁은 의미에서만 효과적일 뿐이야. 멘토의 진정한 가치는 이보다 훨씬 넓고 깊은 곳에 있는데."

"멘토의 진정한 가치라면……."

"단순히 관련 분야의 경험이나 기술적 지식이 아닌 '그 이상의 무엇'을 말하는 거야. 너무나 많은 조직들이 이 점을 간과하고 있기 때문에 멘토링 프로그램이 그저 그런 결과밖에 내지 못하는 걸세. 멘토링이 짝짓기 프로그램은 아니잖나? 하지만 그들은 겉으로 유사해 보이는 두 사람을 기계적으로 짝지워 놓을 뿐 목표나 가치, 우선순위처럼 직업에서 만족을 얻는 데 필요한 근본적인 조건들은 고려하지 않아. 자네 말대로 빌리라는 양반이 아들 녀석을 위해 '훌륭한 선배들'을 많이 소개해 줬다곤 하지만, 멘토와 멘티의 관계까지는 발전하지 못한 것 같군."

그는 안타까움에 고개를 저었다.

"멘토링이란 두 사람 사이의 가장 중요한 관계이니만큼 서로 잘 맞아야만 해."

그 말을 듣자 갑자기 울적해졌다. 더구나 이날 저녁에 나는 마이클과 식사를 하기로 약속해 놓은 터였다. 빌리를 위해서도, 마이클 본인을 위해서도 나는 우리의 관계가 좀 더 생산적이고 바람직한 방향으로 진화하기를 원했다. 하지만 하워드의 말처럼 마이클과 나는 제대로 된 멘토-멘티 관계를 구축하지 못한 상태였다.

"선생님, 어떻게 하면 정말 의미 있는 관계를 만들 수 있을까요?"

"우선은 개념부터 명확히 파악해 볼까? 흔히들 멘토와 롤모델을 혼동하곤 하는데, 둘은 의미가 완전히 달라. 물론 롤모델이 멘토가 될 수도 있지만, 엄밀히 말하면 둘은 목적도 다르고 상호작용하는 방법도 다르지. 쉽게 말해서 롤모델은 단지 모방하고 싶어 하는 이미지일 뿐이지만, 멘토는 직접 관계를 맺는 사람이야. 삽을 들고 와서 자네 주변의 복잡한 일들에 대해 근본적인 원인과 결과를 파헤치는 사람."

"바꿔 말하면 멘토는 제 '필생의 일'에 투자하는 사람이로군요."

"그렇긴 하지만 또 다른 구별도 필요해. 멘토에게서 실제로 무엇을 얻을지 결정할 때 서로 다른 두 가지 렌즈가 있기 때문이지."

"롤모델을 찾을 때 세 가지 창문을 고려했던 것처럼 말이죠?"

하워드는 고개를 끄덕이며 말했다.

"멘토의 경우에는 경력 멘토와 유산 멘토로 구분할 수 있네. 경력 멘토는 말 그대로 전술적인 면에서 경력 개발을 돕지만, 유산 멘토는 인생이라는 큰 맥락에서 더 넓고 포괄적인 관점을 제시하지. 내 경험에 따르면 멘토를 찾는 사람들 대부분이 경력 관점에만 집중하더군. 그러다 보니 큰 그림에 대한 안내나 피드백의 가치를 깨닫지 못하는 경우가 많아."

"하지만 그 두 가지가 서로 겹칠 수도 있지 않을까요?"

나는 하워드를 가리키며 말했다. 그는 멘토로서 경력이나 유산의 구분 없이 내 삶의 거의 모든 부분에 걸쳐 커다란 도움이 되고 있지 않은가? 하워드는 껄껄 웃으며 말했다.

"그렇게 생각해 주니 고맙군. 하지만 원칙적으로 둘을 동일하게 여기는 건 잘못된 생각이야. 또 어떤 사람이 멘토로서 두 가지 측면의 조언을 모두 제공해 줄 수 있으리라 기대하는 것도 좋지 못한 생각이지. 모든 사람이 두 가지 렌즈를 통해 자네를 명확히 이해할 수 있는 건 아니기 때문이야. 그러니까 멘토를 찾을 때나, 멘토가 되어 줄 때나 항상 '어떤 렌즈를 통해야 하는지'를 분명히 이해해야 해."

"그럼 저는 마이클에게 어떤 멘토가 되어야 할까요?"

"유감이네만 현재로선 유산 멘토나 경력 멘토 중 그 어느 역할도 하기 힘들 게야."

나는 힘없이 고개를 떨궜다.

"하지만 만약에 마이클이라는 젊은이가 본격적으로 자기만의 경력 궤도를 찾게 된다면 그때부터 자네의 역할이 커지겠지."

하워드는 내 등을 툭툭 두드리며 미소를 지었다.

"경력 멘토나 유산 멘토가 어떻게 다른지는 대충 짐작이 갑니다만, 구체적으로 어떤 역할을 합니까?"

내가 물었다.

"먼저 경력 멘토는 맥락과 경로의 차원에서 도움을 줄 수 있겠지. 다시 말해서 목표에 이르는 최적의 경로를 찾거나 여러 경로 가운데 하나를 선택하는 과정에서 보다 실질적인 도움을 줄 수 있다는 얘기야."

"아니면 장애물에 부딪혔을 때 어떻게 해야 할지, 유사한 장애물을 피하려면 또 어떻게 해야 할지 이런 것들도 조언해 줄 수 있겠군요."

내가 덧붙였다.

"물론이지. 쉽게 말해서 경력 멘토는 직장 내부에서 일어나는 일, 예를 들면 지뢰가 묻힌 곳은 어디인지, 피해야 할 사람은 누구이며 본받을 만한 사람은 누구인지 따위를 잘 알고 있는 경우가 많아. 더 나아가 자네가 가진 역량에 대해 혹시 자기기만에 빠지지는 않았는지를 끝없이 환기시켜 줄 거야."

"그럼 제가 마이클의 경력 멘토가 될 수 없다는 건 확실해졌군요."

"하긴 자네가 주방장 출신이거나 레스토랑을 경영해 본 적은 없을 테니까. 하지만 미리 단정 짓지는 말게. 언젠가는 마이클에게 중요한 역할을 하게 될 수도 있을 게야. 게다가 유산 멘토로서 자네는 충실히 과정을 밟아가고 있지 않은가? 이미 짐작하고 있겠지만 유산 멘토는 경력보다는 필생의 일 차원에서 보다 전반적인 패턴에 중점을 두니까."

하워드는 벤치에 잠시 앉아 땅바닥에 놓인 돌들을 한데 모으기 시작했다.

"이런 관점은 게슈탈트gestalt 개념을 생각하면 이해하기 쉬울 거야. 즉, 필생의 일이란 직업이나 경력, 가족 같은 개별 요소의 단순한 총합이 아니라 그 이상이라고 보는 관점이지."

그는 계속해서 돌멩이들을 쌓아올렸다. 어느 순간 돌멩이들은 피라미드 형태의 탑을 이루기 시작했다. 돌멩이들의 단순한 총합이 탑으로 완성된 것이다.

"유산 멘토가 던지는 물음에 답하기 위해서는 어느 정도 자아성찰이 필요한 경우가 대부분이야. 가령 이런 질문을 받았을 때 어떻게 대답할지 생각해 보게."

하워드는 '현재의 직업을 보다 큰 맥락에서 볼 때 당신이 남기고자 하는 유산의 비전과 얼마나 부합하는가?', '어떤 경로를 선택해야 나의 종합적인 비전을 실현할 수 있는 기회가 극대화될 수 있을까?', '서로 상충되는 목표를 조율하거나 목표 달성을 위한 우선순위 결정에 있어 보다 효과적인 방법은 없을까?'라는 질문들을 죽 나열했다.

"어때, 꽤 스케일이 큰 질문이지 않나? 사실 이런 질문들에 대해 스스로 답을 찾는 과정 자체만으로도 성공적이지. 왜냐하면 인생의 지도 위에서 현재 자신이 어느 위치에 와 있는지, 그리고 어디로 가고 있는지에 대한 통찰의 시각을 열게 해주니까 말이야. 그렇기 때문에 유산 멘토는 특히 전환점을 헤쳐나갈 때 큰 도움이 될 거야."

곰곰이 생각해 보면 경력과 인생에서 다음 단계로 넘어감에 따라 멘토로부터 얻는 것 또한 변화해 왔던 것 같다. 하워드와 나의 관계 역시 그렇게 발전해 왔다. 내가 대학원을 막 졸업했을 때 경력 멘토로서 하워드의 역할은 나의 삶에 지대한 영향을 미쳤다. 하지만 시간이 흐르면서 내가 새로운 경로로 접어들자 하워드의 역할도 바뀌어갔다. 그래서 지금은 경력 멘토로서 하워드의 역할은 다소 줄어든 반면, 유산 멘토로서의 역할은 오히려 더욱 커져가고 있다.

갑자기 빗방울이 떨어지기 시작했다. 우리는 하워드의 연구실 쪽으로 서둘러 걸었다. 연구실 현관 앞에 이르자 하워드가 물었다.

"자네, 마이클하고 저녁 먹기로 했다면서? 늦지 않았나?"

"괜찮습니다. 아직 장소를 못 정했어요."

"그래? 그럼 찰리네 가게에서 새로 개발한 라자냐를 먹어보게. 헤어진 연인들마저 다시 이어주는 맛이라고 어찌나 자랑하던지, 원."

"벌써부터 구미가 당기는데요?"

그날 저녁 나는 빅 찰리의 소박한 레스토랑에서 마이클과 마지막 식사를 했다. 분위기는 시종일관 흥겨웠다. 그것은 아마 내가 하워드와 나눴던 이야기들을 떠올리느라 그동안 스스로 짊어졌던 '일방적 멘토' 역할을 포기했기 때문일 수도 있다. 마이클과 나는 그 옛날 철부지 시절의 형, 아우로 돌아가 스스럼없이 웃고 떠들었고, 나중에는 빅 찰리까지 합세해서 함께 마티니를 마셨다. 그러면서 나는 마이클의 방황이 '자기만의 경력과 성공'을 찾기 위한 힘겨운 과정이라는 사실을 알게 되었다. 마이클은 술기운을 빌어 '아버지 방식의 성공 궤도'가 아닌 자기 방식으로 살아가기 위한 길을 찾고 싶다고 말했다. 그의 고백으로 인해 우리의 관계는 한 단계 더 나아갈 수 있었다. 마이클의 휴가가 끝나는 마지막 날을 그렇게 보낼 수 있어서 참으로 다행이었다.

"선생님, 라자냐 맛이 정말 기가 막히더군요."

며칠 뒤 하워드를 만나자마자 나는 찰리의 라자냐 이야기부터 꺼냈다.

"호오, 그래? 그럼 오늘 점심은 거기서 하는 게 어떨까?"

"저야 대환영이죠!"

우리는 찰리의 가게에서 이날 정오 산책의 대미를 장식하기로 결정했다. 따라서 산책 코스도 자연스럽게 그쪽으로 변경되었다.

"그나저나 마이클은 잘 돌아갔나?"

"예, 라자냐와 마티니 덕분에 아주 흡족하게 돌아갔습니다."

"다행이군."

하워드는 미처 하지 못한 이야기를 정리하는 듯 고개를 끄덕이며 걷기 시작했다. 그는 명확히 해둬야 할 세 가지 핵심사항이 있다고 말했다.

"전에 내가 그랬지. 멘토와 멘티는 서로 잘 맞아야 한다고. 헌데 이 말은 마치 손에 장갑을 끼듯 딱 들어맞아야 한다는 의미는 아니야. 사실 멘티는 자신의 관점을 보충해 줄 수 있는 누군가를 원하기 때문에 유사한 점이 너무 많으면 오히려 역효과를 낳을 수도 있지. 그러니까 굳이 10년 뒤 자네가 되고 싶은 모습에 정확히 들어맞는 사람을 멘토로 삼아야 하는 것은 아니라는 얘기야."

"그렇다면 멘토와 멘티 사이에 정확히 같은 목표를 가질 필요는 없다는 말씀이신가요?"

"그렇지. 나의 멘토라고 해서 꼭 나처럼 생각하거나 행동해야 하는 것도 아니고, 인종이나 종교, 성격 유형이 같아야 하는 것도 아니야. 그보다는 몇 가지 핵심적인 특성을 갖춘 멘토를 찾아야 해."

하워드는 손가락을 하나씩 펼쳐가며 강조했다.

"예를 들면 적합한 질문을 할 수 있는 경험과 통찰력, 자네가 답을 찾아가는 과정을 진지하고 성실하게 지켜볼 수 있는 마음 자세, 객관적이고 실행 가능한 피드백을 제시할 수 있는 능력, 그리고 무엇보다 자네의 가치와 비전을 이해하기 위해 기꺼이 시간을 투자할 수 있는 사람이야말로 진정한 멘토라고 할 수 있겠지."

그는 펼친 손가락을 하나로 감싸며 말했다.

"이런 요소들이 충족될 때, 멘토는 기폭제로서 굉장한 효과를 낼 뿐만 아니라 두 사람 사이에도 자연스러운 조화가 형성되지 않겠나? 이게 바로 첫 번째 핵심사항이야."

하워드가 제시한 두 번째 핵심은 멘토가 아닌 멘티에 관한 것이었다.

"아무리 멘토를 필요로 해도 수동적인 태도를 취하는 사람에게는 그런 기회가 오지 않겠지. 문을 두드릴 의지가 없는 자에게 문이 저절로 열리지는 않을 테니까. 아이작 뉴턴이 그랬던가? '내가 남들보다 좀 멀리 봤다면 그건 거인들의 어깨 위에 서 있었기 때문이다'라고 말이야. 누군가의 도움을 얻고자 한다면 거인부터 찾아야 해. 자신이 걷고 있는 길을 먼저 걸었던 그 거인의 어깨 위에 올라서야 비로소 길이 보일 테니까. 그러니 스스로 어떤 사람을 찾고 있는지, 어디에서 그런 사람을 찾을 수 있는지를 진지하게 생각해야 해. 그런 다음 멘토와의 관계를 구축하고 유지하기 위해 기꺼이 시간과 에너지를 투자할 수 있어야겠지."

나는 아무리 다가가도 좀처럼 마음을 열지 않던 마이클이 생각났다. 물론 나는 멘토와 멘티의 관계를 바랬던 것은 아니지만, 도움을 구하려 하지 않는 사람에게 어떡하든 도움을 주려는 생각 자체가 이미 부조화였음을 인정하지 않을 수 없었다.

"제 경험에 비추어볼 때, 무엇보다 윗사람에게 조언을 구하는 일을 부끄러워하거나 주저하면 안 될 것 같습니다. 사람들은 대부분 '그 사람이 대체 왜 내게 관심을 갖겠어?'라고 생각하죠. 하지만 비록 실질적인 답변을 얻진 못하더라도 뭔가 의미 있는 관계를 형성하기 위해 팔을 뻗었다고 해서 상처를 받는 일은 거의 없을 텐데 말입니다."

"자네가 한 그 얘기는 지금 내가 말하려는 세 번째 핵심사항과 잘 연결되는군."

하워드가 말했다.

"생각해 봐, 왜 어떤 사람들은 굳이 누군가의 멘토가 되려고 할까? 거기엔 몇 가지 이유가 있을 거야. 내 경우에는 '되돌려주어야 한다는 의무감' 때문이지. 자선단체에 기부금을 내는 것도 한 가지 방법이지만, 나는 장래가 촉망되는 사람들에게 시간을 들이고 진정한 관심을 보이는 것이 더 중요한 일이라고 생각하거든. 하지만 그렇다고 해서 멘토링이 '주는 자와 받는 자' 간의 일방통행만을 뜻하는 건 아니야. 멘티가 큰 도움을 얻는 동안 멘토 역시 개인적인 가치를 얻어야 해. 멘토가 제시하는 성실함, 관심, 염려에 대한 보답이 반대방향으로도 흘러야 한단 얘기지. 이렇게 해서 선순환의 관계가 형성되는 게 아닐까?"

"그럼 되돌려준다는 만족감 이외에 멘토가 얻는 개인적인 가치는 무엇입니까?"

그는 잠시 생각한 뒤 미소 지으며 말했다.

"지적인 면에서 확실한 가치를 얻고 있지. 예를 들어 자네와 이야기를 주고받으면서 나는 내가 제시한 아이디어에 대해 '실증연구'라 할 수 있는 데이터를 자네한테서 얻고 있네. 게다가 내가 전혀 생각하지 못했던 새로운 아이디어도 얻곤 하지. 어디 그뿐인가? 학생들하고 어울리다 보면 젊음도 유지하고 세상 돌아가는 일에 뒤처지지 않을 수 있거든. 그래서 자식들이나 손주들하고 어울리는 데에도 큰 도움이 되지!"

실제로 하워드는 갓 입학한 제자로부터 아이폰이나 아이패드의 여러 가지 기능을 배우기도 했다. 또 학생의 도움으로 페이스북 계정을 만들고는 어느 날 갑자기 나에게 '친구요청'을 해오기도 했다.

"라자냐 냄새가 여기까지 풍기는구먼. 자, 들어가세."

어느새 우리는 빅 찰리의 레스토랑 앞까지 와 있었다. 나는 하워드를 뒤따라 성큼성큼 안으로 들어갔다. 빅 찰리는 늘 그렇듯이 떠들썩하게 우리를 반겨주었다. 나는 찰리의 커다란 손을 마주 잡고 반갑게 악수하다가 해적 두건을 쓴 채 홀에서 일하는 청년을 보고는 깜짝 놀라고 말했다.

"아니, 마이클! 너 여기서 뭐 해?"

뉴저지로 돌아갔던 마이클이 접시를 나르고 있었던 것이다. 마이클은 수줍은 듯이 웃으며 말했다.

"일이 그렇게 됐어요."

"아이고, 말도 말게. 저 녀석 고집이 어디 보통이라야 말이지."

빅 찰리는 하워드와 나를 자리로 안내하며 고개를 절레절레 흔들었다. 얘기인즉슨, 뉴저지로 돌아간 지 이틀 만에 마이클이 다시 빅 찰리를 찾아와 다짜고짜 일을 배우겠다며 시키지도 않은 청소부터 하더라는 것이었다.

"하도 어이가 없어서 불러다 앉혀놓고 물어봤다네. 어지간해서는 속을 안 내보이는 녀석이라 마티니를 몇 잔 먹였지. 그랬더니 뒤늦게야 고백을 하더군. 자기는 아버지처럼 대규모 레스토랑이나 프랜차이즈 사업이 아닌, '맛'을 창조하는 장인의 식당을 운영하고 싶다고 말일세."

그 말을 듣는 순간 나는 그만 감격하고 말았다.

"저 친구가 마이클인가?"

하워드가 의자에 푹 기대고 앉아 마이클을 지그시 바라보며 물었다.

"예."

"꼭 젊은 시절의 찰리를 보는 것 같구먼. 찰리가 젊을 때 꼭 저랬거든."

"어떠셨는데요?"

"커다란 키에 반항적인 눈빛, 그리고 도전적인 몸짓까지 아주 똑같네, 똑같아. 사실 좀처럼 마음을 열지 않는 젊은이들에게 찰리 저 친구만큼 적절한 멘토도 찾기 어려울 게야. 힘과 지혜를 모두 갖고 있거든. 아마 당분간 찰리는 마이클의 경력 멘토와 유산 멘토를 겸할 수 있을 걸세."

사실 하워드가 며칠 전 마이클과의 저녁식사 장소로 내게 빅 찰리의 가게를 추천한 것이 다분히 의도적이었다는 것을 알게 된 것은 그로부터 한참이 지난 뒤였다. 그는 일면식도 없는 마이클을 자신의 오랜 친구인 빅 찰리에게 간접적으로 소개해 줌으로써 일종의 촉매 역할을 기대했고, 결과적으로 그 기대가 절묘하게 맞아떨어진 셈이었다. 나는 자신의 경로를 본격적으로 걷기 시작한 마이클에게 큰 소리로 음식을 주문했다.

* ♟ *

이익을 위한 협력 관계나 거래 차원의 도움을 넘어 인생의 중요한 가치를 나눌 때 우리는 그것을 멘토링이라 부른다. 자기 일정만 소화하기에도 시간이 턱없이 부족한 시대에 내가 아닌 남을 위해 관심과 에너지를 쏟는다는 것은, 이해득실의 차원에서 볼 때 이해하기 힘든 측면이 있다. 그런데도 사람들이 멘토링에 시간을 들이는 이유는 무엇일까? 토요일 오후에 젊은 임원의 전화를 받거나 학부생과 이야기하기 위해 가족과의 저녁을 기꺼이 포기하는 이유는 무엇일까?

이에 대해 하워드는 '물 위에 너의 빵을 던져라, 머지않아 너희는 그것을 도로 받을지니'라는 성서의 한 구절을 인용하며 '상생의 환경을 구축하는 멘토링 사이클' 때문이라고 말했다. 참된 지혜일수록 한곳에 머물지 못하는 성질을 지녔다. 그것은 한 개인의 소유물이 아니며 사람과 사람 사이를 끝없이 옮겨 다니는 '번영의 씨앗'과도 같다. 그래서 가치 있는 경험을 통해 깨달음을 얻은 사람은 기꺼이 그 지혜를 다른 이들과 나누고, 또 그들은 자신이 얻은 가치를 더 많은 사람들과 나눔으로써 마침내 거대한 멘토링 사이클이 형성되는 것이다. 성공적인 경력을 쌓고 만족스러운 인생을 살아가는 사람들은 대부분 이러한 멘토링 사이클에 참여하고 있다.

세월이 흘러 2011년 7월, 하버드 경영대학원 정교수직에서 물러날 때 하워드는 수많은 사람들 앞에서 이렇게 말했다.

"나에게 내놓을 것이 있는 한, 나는 그것을 마땅히 내놓아야 합니다. 그리고 내가 새로운 경험을 받아들이고 새로운 도전과 마주할 수 있는 한, 나는 유사한 길을 더 멀리 걸어간 사람으로부터 도움을 받을 수 있을 것입니다."

당신을 위해 구덩이로 뛰어들 사람은 누구인가

자네가 깊은 구덩이에 갇혀 있을 때 어떻게 꺼낼지를 놓고
토론하는 사람은 아무리 많아도 소용없다는 얘기야. 정말 필요한 사람은
구덩이 안으로 뛰어들어 '나도 여기 빠져본 적이 있어요.
우리 함께 나갈 길을 찾아봅시다'라고 말할 수 있는 사람이지.

"불행은 진정한 친구가 아닌 자를 가르쳐준다."
아리스토텔레스

Howard's Gift

하버드 경영대학원 캠퍼스를 나 혼자 걸으면 10분쯤 걸린다. 하지만 같은 코스를 하워드가 걸으면 한 시간은 족히 걸린다. 걸음이 느려서가 아니라 지나치는 사람들 때문이다. 그가 캠퍼스를 걸을 때면 거의 세 명 중 한 명꼴로 다가와 말을 건넨다. 가볍게 인사하는 학생들도 있지만, "교수님, 오늘 학술지에 실린 논문 보셨어요?"라며 적어도 2분쯤 대화를 청해 오는 이들도 있다. 동료 교수들이 "이보게, 걱정거리가 하나 있는데……" 하면서 하워드를 한쪽에 잠시 붙들어둔 채 즉석 상담을 구하는 경우도 많다. 그야말로 하워드는 걸어다니는 기폭제인 셈이다.

어느 가을 정오 무렵, 나는 하버드 경영대학원 건물에서 좀 떨어진 곳에서 하워드를 만났다. 여기저기 노천 체스게임이 벌어지고 있는 한가로운 쉼터였다. 커다란 나무그늘 아래 두 노인이 자못 신중한 표정으로 체스를 두고 있었고, 하워드는 그 옆에 훈수라도 두는 양 바싹 다가앉아 흥미롭게 지켜보고 있었다. 이따금 한쪽에서 멋진 한 수를 두기라도 하면 하워드는 껄껄 웃으며 뭐라고 중얼거렸고, 노인들도 덩달아 웃으며 농담을 주거니 받거니 하고 있었다. 늘 입고 다니는 말끔한 정장만 아니었다면 못 알아봤을 만큼 영락없는 동네 어르신 모습이었다.

"선생님, 캠퍼스에서 잠시 벗어나고 싶다고 하신 이유를 알겠군요."

내가 다가가자 하워드는 반갑게 웃으며 다른 체스 테이블로 자리를 옮겼다. 그는 앉자마자 이렇게 말했다.

"에릭, 나는 말이지, 새로운 사람들과 교류하고 관계를 형성하는 일이 늘 어려워."

나는 큰소리로 웃고 말았다.

"선생님, 농담이시죠?"

"아니라니까. 정말 어려워."

"못 믿겠는데요."

"인생의 여러 측면에서 인맥을 구축하는 것이 중요하다는 건 나도 잘 알아. 그래서 나름 인맥을 쌓기 위해 노력해 왔고, 또 어느 정도 효과적인 방법도 터득했지. 하지만 나는 원래 내향적인 사람이야. 자네처럼 선천적으로 관계 형성을 능숙하게 해낼 수 있는 재주가 내겐 없어."

"제가요?"

"그래, 자네는 직관적으로 관계를 형성하지 않나. 서로에게 도움이 되는 사람들을 한데 모으는 능력이 정말 탁월하지. 그건 누가 뭐래도 자네만의 뛰어난 영역이야."

하긴 관계를 형성하고 협력적 파트너십을 맺는 일이 내 직업이라는 점을 감안하면 하워드의 말이 맞는지도 모른다. 게다가 나는 선천적으로 외향적인 성격이기도 하다.

"하지만 선생님은 내향적이라고 하기엔 다른 사람의 마음을 확 끌어당기는 놀라운 능력을 가지셨습니다. 적절한 표현일지는 모르겠지만, 하워드라는 항성의 주변에는 늘 선생님에게 매료된 수많은 행성들이 맴돌고 있는 셈이죠."

나는 그 항성 곁을 결코 떠날 생각이 없다는 뜻으로 내 가슴을 툭툭 치며 말했다.

"물론 내향적인 성격이 관계 형성에 큰 장애가 되는 것은 아니지. 특히 경력과 관련된 관계 형성에서는. 다만 내향적인 사람들은 관계 형성에 더 많은 에너지를 쏟아야 하고 좀 더 집중해서 접근해야 해. 헌데 나는 수많은 행성을 거느린 항성 따위가 되고 싶은 생각은 추호도 없어. 인간관계에 있어 정말 중요한 가치는 교류하는 사람들의 숫자가 아니거든. 극소수일지라도 진정한 친구와 조언자들이야말로 황금보다 더 소중하니까."

그러면서 하워드는 짧은 우화 한 토막을 들려주었다.

어느 날 호랑이가 깊은 구덩이에 빠졌다. 호랑이는 큰 소리로 숲 속의 동물 친구들에게 도움을 청했다. 그러자 순식간에 수많은 동물들이 구덩이 주변으로 모여들었다. 호랑이는 평소에 친구들을 많이 사귀어둔 것에 보람을 느끼며 이제 곧 구덩이를 벗어날 수 있을 거라 생각했다. 동물 친구들은 호랑이를 어떻게 꺼내야 할 것인가를 놓고 긴급회의를 열었다. 원숭이는 기다란 나무줄기가 필요하다고 말했고, 하마는 물을 부어 호랑이를 떠올려야 한다고 말했다. 코끼리와 여우, 사슴도 제각각 의견을 냈다. 하지만 딱히 이거다 싶은 방법이 없었다. 그래서 회의는 자꾸만 길어졌고 날도 저물기 시작했다. 호랑이는 점점 초조해졌다. 그때 갑자기 토끼 한 마리가 구덩이 속으로 뛰어들었다. 호랑이와 동물 친구들은 깜짝 놀랐다.

"토끼야, 여긴 왜 들어왔니?"

호랑이가 묻자 토끼는 이렇게 말했다.

"응, 여기서 벗어날 방법을 같이 찾아보려고."

이야기를 끝낸 뒤 하워드는 나를 보며 빙긋이 웃었다. 그 순간 나는 이 이야기가 방금 지어낸 '하워드 식 이솝우화'라는 사실을 눈치챘다.

"그러니까 내 말은, 자네가 깊은 구덩이에 갇혀 있을 때 어떻게 꺼낼지를 놓고 토론하는 사람은 아무리 많아도 소용없다는 얘기야. 정말 필요한 사람은 구덩이 안으로 뛰어들어 '나도 여기 빠져본 적이 있어요. 우리 함께 나갈 길을 찾아봅시다'라고 말할 수 있는 사람이지."

하워드는 깊은 구덩이에 빠졌을 때처럼 어려운 상황에서뿐만 아니라 하루하루 일상에서도 그런 친구가 반드시 필요하다고 말했다.

"사람은 원래 자신의 강점과 약점을 제대로 보지 못해. 그래서 큰 그림을 놓친 채 전술적인 부분에만 집중하게 되지. 그리고 심리적으로도 이전에 내린 결정을 합리화하는 정보에만 집중하기 때문에 생각만큼 효과적으로 문제를 해결하지 못하는 거야."

이 말은 전에 하워드가 해주었던 체스 이야기를 떠올리게 했다. 우리가 체스판에 놓인 말들 중 하나일 때에는 전체 판도를 보기 어렵다. 그래서 상황을 좀 더 정확히 이해하기 위해서는 항상 다른 사람의 시각을 참고해야 한다.

"우리 일전에 멘토에 대해 많은 이야기를 하지 않았나."

하워드가 말했다.

"그때 나는 인생에서 기폭제 역할을 해줄 사람이 꼭 필요하다고 말했지. 헌데 그건 꼭 멘토만을 두고 한 말은 아니야. 다양하고 의미 있는 방식으로 연결된 다면적인 인맥이 필요하단 얘기지."

"멋지군요."

나는 가방에서 노트를 꺼내며 말했다.

"좀 더 자세히 이야기해 보면 어떨까요."

"너무 서두르지 말게."

그는 요다 같은 미소를 지으며 노트를 살며시 자기 쪽으로 끌어당겼다.

"이 부분에서는 아마 자네 생각이 더 의미가 있을 것 같군."

그는 음료를 내려놓고 펜을 들며 말했다.

"자, 이제 자네 차례야. 이야기를 시작해 보게. 오늘은 역할을 바꿔보는 거야."

* * *

직장생활 초기, 주아 드 비브르 호텔에서 일하던 시절에 나는 맨해튼에서 열린 서비스 산업 시상식 축하행사에 참석한 적이 있었다. 월도프 아스토리아 호텔에 마련된 웅장한 연회장에는 화려한 뷔페 테이블과 멋지게 차려입은 수백 명의 사람들이 한창 파티를 즐기고 있었다. 나는 새로운 사람을 만나고 인맥을 구축하는 데 몰두해 있었던 터라 이런 모임에 참가할 때마다 아드레날린이 솟구치곤 했다. 나는 쉴 새 없이 사람들과 악수하고 명함을 건네는 동시에 새로운 얼굴을 찾아 두리번거리며 연회장을 휘젓고 다녔다.

그로부터 10년이 지난 재작년 겨울, 나는 참으로 오랜만에 그 행사에 다시 참석했다. 연회장은 예전보다 훨씬 휘황찬란해져 있었고, 분위기도 굉장히 스펙터클한 느낌이었다. 나는 10년 전, 지금보다 젊었던 그 시절을 떠올리며 이 사람, 저 사람 만나 이야기를 나누기 시작했다. 그때 코넬 대학 1년 후배인 알렉산드라가 다가오더니 "세상에, 에릭! 이렇게 반가울 수가!" 하며 가볍게 포옹을 했다. 그런데 그녀와 함께 이런저런 소식을 주고받는 동안 나는 이상하게도 점점 불편한 느낌을 받기 시작했다. 대화를 시작한 지 채 1분도 안 되어 그녀의 시선이 내 어깨 너머를 향하고 있었던 것이다. 그녀는 이미 다음 사람, 즉 끝없이 확대되는 관계망의 다음 연결점을 찾고 있었다. 그때 나는 머릿속이 차분해지면서 지난 몇 년 동안 이런 종류의 행사에서 갈수록 불편함을 느꼈던 이유를 알게 되었다. 이런 행사에서 맺는 '가벼운 네트워킹'은 결코 내가 추구하는 인간관계가 아니었다.

"에릭, 언제 점심이라도 같이해요."

알렉산드라는 그렇게 빈말을 남긴 채 새로 찾아낸 대화 상대를 향해 훌쩍 자리를 떴다. 나는 졸지에 버림받은 느낌이었다. 갑작스럽게 닥친 이 멋쩍은 상황을 모면하기 위해 나는 사방을 두리번거렸다. 그때 건너편에서 나와 똑같은 표정을 하고 있는 옛 친구 크리스가 눈에 띄었다. 그는 몇몇 사람들에 둘러싸인 채 지루한 표정을 감추지 못하고 있었다. 나는 크리스를 향해 고개를 까딱이며 '여기서 나가자!'라고 신호를 보냈다. 그 역시 반가운 듯 고개를 끄덕였다. 몇 분 뒤 우리는 근처의 바에 함께 앉아 있었다.

"나이 탓인가? 갈수록 이런 모임이 점점 견디기 힘들어지는군."

크리스가 먼저 심정을 털어놓자 나도 덩달아 이렇게 말했다.

"처음 직장생활을 시작할 때 어느 상사가 했던 말이 생각나. '이제 더 많은 인맥이나 친분이 필요하지 않아. 그런 것은 얼마든지 만들어낼 수 있지. 내게는 내 일과 삶에서 중요한 사람들과 더 깊은 관계를 맺는 것이 필요해.' 솔직히 그때는 그 말을 제대로 이해하지 못했어. 어떻게 더 많은 사람들과 알고 지내는 것이 좋지 않을 수 있겠나? 하지만 이제는 '아는 사람'을 늘리는 데 시간과 에너지를 쏟기보다는 중요한 관계를 깊이 있게 발전시키는 것이 훨씬 가치 있다는 사실을 알게 됐어."

그러자 크리스가 술잔을 들며 킥킥 웃기 시작했다.

"왜 웃어?"

크리스는 좀 더 큰 소리로 웃고는 이렇게 말했다.

"넌 아마 모를 거야. 예전에 네 별명이 뭐였는지."

"나도 모르는 별명이 있었단 말이야? 어떤 별명인데?"

"모임에서 만나는 친구들끼리만 통하는 별명이었지, 30초라고."

"30초? 그게 무슨 뜻인데?"

그러자 크리스는 며칠 동안 나를 울적하게 만들 충격적인 말을 꺼냈다.

"그건 말이지, 누굴 만나건 30초 만에 또 다른 사람을 찾기 시작한다는 뜻이야."

"당신은 얼마나 많은 사람들을 알고 있는가?"

이런 질문을 받으면 어떤 사람들은 휴대전화에 저장된 전화번호나 주소록에 적힌 이름들, 혹은 페이스북의 '친구'가 몇 명쯤 되는지를 떠올린다. 다 좋다. 이 밖에도 무수히 많은 디지털 네트워크 장치들이 있어 다른 사람들과의 '연결'이 점점 효율적으로 발전하고 있다. 하지만 여기서 잠깐 '인간관계'에 대한 두 가지 정의를 생각해 볼 필요가 있다.

먼저 어떤 그룹에 속한 사람들 사이에 정보와 서비스를 제공하는 메커니즘으로서 '네트워크network'가 있다. 그리고 개인 간의 정서적인 연결이나 관련을 뜻하는 '관계relationship'가 있다. 따라서 우리는 '네트워킹networking'과 '관계 구축relationship building'이라는 용어에도 실질적인 차이가 있다는 사실을 잊지 말아야 할 것이다. 하워드는 이 둘의 차이에 대해 설명하며 이렇게 조언했다.

"친분과 친구를 혼동하지 말고, 네트워킹과 제대로 된 인간관계를 혼동하지 말게."

그는 너무나 많은 사람들이 '네트워크'와 '관계' 사이에서 혼동을 일으킨다고 지적했다. 우리가 흔히 인맥이라 부르는 그 관계가 만일 인간미가 없거나 잠깐씩 교류하는 사람들, 혹은 기껏해야 약간의 친분만으로 이루어져 있다면 그것은 단순한 네트워크 차원에 불과하다. 이런 종류의 네트워크에 참여하는 사람들은 당신이 필요로 할 때 연락을 할 수도 있고, 안 할 수도 있을 것이다. 왜냐하면 그들은 한 개인으로서 당신에게 진정한 관심을 갖는 사람이 아닐 가능성이 높기 때문이다.

오해 없기를 바란다. 비즈니스 차원에서 네트워크는 더없이 중요하다. 성공한 사람들에 대한 여러 가지 연구에 따르면, 넓은 인맥을 가진 사람이 더 효과적으로 일을 수행한다는 결과가 지속적으로 나타나고 있다. 또한 다양한 배경이나 능력, 관점을 가진 사람들과 인맥을 맺는 경우 효과가 더욱 큰 것으로 나타났다. 쉽게 말해 질문에 대한 해답을 찾거나 특정 문제를 해결해야 할 때 그 상황에 딱 맞는 사람에게 전화를 걸 수 있다면, 그것은 매우 귀중한 자산이 아닐 수 없다. 하지만 필생의 일을 이루어가는 과정에서 삶의 기폭제 역할을 해줄 수 있는 관계를 원한다면 당신은 전혀 다른 방식으로 사람을 대해야 할 것이다. 그것은 연줄이나 네트워킹, 온라인상의 관계로는 얻기 힘든 깊이와 가치를 지닌다. 이에 대해 하워드는 새로운 차원의 '팀'이 필요하다고 말했다.

"그 팀은 삶을 살아가는 동안 서로 끝없이 영향을 주고받으며 자네와 함께 발전할 수 있는 사람들로 구성되어야겠지."

하워드가 말하는 팀이란 페이스북처럼 모든 사람들이 연결되어 끝없이 확장되는 관계망 같은 것이 아니다. 그것은 '나'라는 구심점으로부터 조심스럽고 신중하게 뻗어나간 여러 갈래의 거미줄과도 같다. 거기엔 당신의 성공에 투자하고, 당신을 위해 기꺼이 시간과 에너지를 쏟는 사람들이 있다. 그들은 직업인으로, 그리고 한 인간으로 당신의 모습을 이해하고, 당신이 필생의 일을 향해 전진하기를 바라는 사람들이어야 한다. 또한 중요한 전환점을 비롯하여 경력이나 가족, 돈과 철학 사이의 균형을 잡기 위한 크고 작은 선택에 이르기까지 언제나 당신을 지원할 수 있고, 또 지원할 준비가 되어 있는 사람들이어야 한다. 내 생각을 말하자 하워드가 한 마디를 덧붙였다.

"그들은 모두가 자네 방에서 나갈 때 오히려 문을 열고 들어오는 사람들이야. 자네에게 진실을 알려주고 자네가 내린 선택에 스스로 책임지도록 붙잡아주는 사람들이지."

필요할 때 기꺼이 서로를 도와줄 수 있는 팀을 만들고 유지하기 위해서는 주도적이면서도 신중한 자세가 필요하다. 대부분의 사람들은 어려운 상황에 처하거나 해결해야 할 중요한 문제가 있을 때 가까운 사람들에게 의지하려 한다. 주변 사람들 역시 선한 뜻으로 도움을 주려 하겠지만, 엄밀히 말해서 당신에게 실질적인 도움이 될 만한 특정한 자질이나 경험, 관점이 충분한 경우는 그다지 많지 않다. 따라서 당신의 지식을 보완하고 사각지대를 볼 수 있도록 도와줄 수 있는 기폭제를 찾기 위해서는 좀 더 적극적으로 나서야 한다.

나에게 '30초'라는 충격적인 별명이 있었다는 사실을 뒤늦게 알고 난 뒤 나는 '관계 구축'에 대해 보다 진지한 자세가 필요하다는 것을 깨달았다. 나는 사람과 사람을 잇는 진정한 에너지가 무엇인지 깊이 고민했고, 관계에 대한 기존 관념에 대해 전면적인 물갈이를 시도했다. 그리하여 나는 삶의 기폭제가 되어줄 사람들을 찾았고, 그들의 역할을 분명히 이해하기 위해 특별한 명칭을 생각해냈다. 나는 그들을 나만의 '개인 이사회Individual Board of Directors(IBOD)'라 부르기로 했다. 시간이 지나고 생각을 거듭할수록 나는 IBOD가 기업의 이사회와 유사한 점이 많다는 사실을 발견했다.

이사회를 구성할 때 회사는 일반적으로 특정한 역량, 즉 기업이 장기적으로 성공하는 데 필요한 폭넓은 경험과 지식, 관점을 지닌 사람들을 찾을 것이다. 그들은 중대한 사안이나 전환점에 대해 구체적인 조언을 제시하기도 하지만, 조직의 특정 분야에 관한 계획을 세우거나 실행하지는 않는다. 그 대신 전략적인 관점에서 조직 활동의 종합적인 방향과 가치를 판단하고 안내하는 역할을 수행할 것이다. 그리고 훌륭한 이사회일수록 있는 그대로 솔직하고 편견 없는 피드백을 제공할 것이다.

나는 필생의 일을 향해 내가 어떻게 나아가고 있는지에 대해 한 걸음 물러서서 신중하게 판단할 수 있도록 도와주는 몇몇 사람들을 모아 나만의 IBOD를 구성했다. 그리고 기대했던 대로 그들은 내가 다양한 문제와 선택의 기로에 직면했을 때 기꺼이 나를 도와주었다. 좀 더 포괄적으로 이야기하면 그들은 내가 직업적인 목표를 추구하는 동시에 남편과 아버지의 역할까지 잘할 수 있도록 뒷받침해 주었다. 물론 당신은 이렇게 말할 수도 있을 것이다.

"그렇게 뛰어난 사람들과 인간관계를 맺다니, 대단한 행운아로군."

꼭 '뛰어난 사람들'이어야만 할까? 가령 스포츠 팀에서 선수를 선발할 때 '다방면에 걸쳐 뛰어난 선수를 뽑을 것인가, 아니면 우리 포지션에 가장 적합한 선수를 뽑을 것인가?'라는 질문을 만나게 될 것이다. 자기만의 IBOD를 만들 때는 후자를 택해 '가장 적합한 선수'를 뽑아야 한다. 전반적으로 유능하거나 주변에서 가장 성공한 사람(또는 가까이 있는 몇몇 가족이나 친구들) 대신 당신이 원하는 구체적인 능력을 먼저 정의한 뒤 시간을 두고 가장 적합한 사람을 찾아야 한다. 따라서 당신이 구축한 IBOD는 다른 사람의 IBOD와 같지 않을 것이다. 당신의 구체적인 관심사와 도전 목표, 강점과 약점에 따라

IBOD의 구성도 달라지기 때문이다. 하지만 당신과 나의 IBOD에는 가장 중요한 공통분모가 있다. 즉 당신이 신뢰하는 사람, 당신이 추구하는 필생의 일에 시간과 에너지를 투자할 수 있는 사람, 직업적인 면이나 개인적인 면에서 당신에게 관심을 기울여주는 사람들로 구성되어야 한다는 점이다.

나의 IBOD는 대략 '특정 분야의 전문가', '나와 비슷한 경로를 걸어간 여행자', '정신적·문화적 연결자', '개인 역사학자', '저글링 전문가' 등 다섯 분야의 적합한 인물들로 이루어져 있다.

'특정 분야의 전문가'는 주기적으로 필요하지만 나에게는 없는 전문적인 능력을 지닌 사람이다. 이 자리를 채우고 있는 내 오랜 친구 비크람은 거시경제 분야의 전문가로서 내가 재무적 의사결정을 내려야 할 때마다 적절한 조언을 해준다.

'나와 비슷한 경로를 걸어간 여행자'는 인생의 모퉁이를 돌고 비탈을 넘어 마주치게 될 뜻밖의 문제들을 미리 예측할 수 있도록 도와주는 사람이다. 주아 드 비브르 호텔의 창립자인 칩 콘리는 업계의 밑바닥과 정상을 모두 경험한 인물답게 내가 직면하게 될 여러 가지 걸림돌에 대해 다양한 정보들을 알려준다.

'정신적·문화적 연결자'는 나의 철학적 뿌리를 이해하고 정신적인 도전을 해결할 수 있도록 도와주는 사람이다. 나의 IBOD에서 이 역할을 처음 맡은 사람은 학자이자 하버드 대학의 전 학장인 헨리이다. 세상을 바라보는 그의 관점과 지혜, 그리고 인간성에 대한 깊은 이해 덕분에 나는 매순간 정신적인 풍요로움을 누릴 수 있다.

'개인 역사학자'는 역사와 경험을 공유하며 장기적인 관점을 제시할 수 있는 사람이다. 대학 동기인 필립은 내가 직업적으로나 개인적으로 성장하는 과정을 모두 지켜봤으며, 지금도 내가 인생의 어느 지점을 통과하고 있는지 짚어줄 수 있는 친구이다.

'저글링 전문가'는 말 그대로 저글링과 균형 잡기의 전문가이다. 나의 별명이 '30초'라는 사실을 알려준 오랜 친구 크리스가 이 역할을 맡고 있다. 그는 내가 아는 사람들 가운데 가장 안정적인 사람이며 인생에서 상충되는 일들을 조화롭게 조절할 수 있는 특별한 시각과 통찰력을 지니고 있다. 예를 들어 내 아내가 입원해 있던 불가항력의 시기에 그는 매일같이 전화를 걸어 내가 정신적 균형을 유지할 수 있도록 조언해 주었다.

이들 다섯 명이 내 IBOD의 핵심 구성원들이며, 가장 상위에는 리베로처럼 여러 포지션을 모두 소화할 수 있는 하워드가 있다. 물론 이들 외에도 다른 역할을 담당하고 있거나 짧은 기간 동안 자리를 차지했던 사람들도 있다. 왜 짧은 기간일까? 시간이 지나면서 내가 필요로 하는 능력이 바뀌거나, 더 이상 나에게 시간과 에너지를 쏟을 수 없게 되어 IBOD에서 물러났기 때문이다. 이것은 대부분의 기업 이사회에 적용되는 일종의 임기와 비슷한 것이다. 하지만 대개의 경우 내 IBOD의 임기는 내가 결정하며 웬만해서는 '해고'할 일이 없다.

기업의 이사회와 달리 내 IBOD에서는 어떤 문제도 표결에 부치지 않는다. 모든 의사결정은 최종적으로 나의 몫이며 책임도 내가 짊어져야 한다. 마찬가지로 내 IBOD를 구성하는 사람들이 다 함께 모이는 일은 거의 없으며(대부분은 다른 구성원이 누구인지도 모른다) 모든 상담은 나와 지속적으로 이어지는 일대일 대화를 통해 이루어진다 (IBOD는 나를 중심으로 뻗은 거미줄과 같다는 것을 기억하라). 공식적인 모임이 없기 때문에 그들과 친밀함을 유지하기 위해서는 언제나 세심하고 짜임새 있는 관리가 필요하다. 그래서 나는 IBOD 구성원의 목록을 책상 앞에 붙여두고 가능한 한 자주 그들과 연락하려고 노력한다. 이 특별한 관계망 안에서 IBOD의 구성원들은 내게 시간과 에너지를 투자하고, 나의 성공을 통해 심리적 만족을 느낀다. 그리고 나 역시 그들 각자의 IBOD에서 일정 역할을 하고 있다. 하워드는 이것을 '자연스러운 상호주의'라고 불렀다. 이런 관계망으로 연결되어 있는 인생의 팀원들은 누군가 깊은 구덩이에서 출구를 찾고 있을 때 언제든 자연스럽게 삽을 들고 깊은 구덩이에 뛰어들 준비가 되어 있다.

"당신은 얼마나 많은 사람들을 알고 있는가?"

결국 이 질문이 품고 있는 속뜻은 이렇다.

"당신의 주소록이나 페이스북의 친구들 가운데 당신을 위해 깊은 구덩이에 뛰어들 수 있는 사람은 누구이며, 몇 명이나 되는가?"

| 에필로그 |

인생의 새로운 물결을 일으켜라

열다섯 살 때 비크람이라는 친구와 지하실에서 탁구를 치던 때가 생각난다. 우리는 둘 다 또래들 사회에서 외톨이 신세였고, 그래서 더욱 가깝게 지낼 수밖에 없었다. 돌이켜보면 우리는 그때 톡톡 공을 주고받으면서 뉴저지의 시골 소년들답지 않게 꽤 깊은 대화를 나누곤 했었다.

어느 토요일 오후, 매치포인트에서 막 서브를 넣기 전에 비크람이 뜬금없이 이렇게 물었다.

"에릭, 걱정되지 않니? 우리가 커서 성공할 수 있을지 말이야."

열다섯 살 소년의 질문치고는 정말 특이하지 않은가.

"난 걱정하지 않아. 어떻게든 성공이라는 문제는 알아서 해결될 거라고 생각해. 다만 걱정되는 건 '내가 행복할 수 있을까' 하는 거야."

비크람의 질문처럼 나의 대답도 사실은 열다섯 살짜리답지는 않았던 것 같다. 아무튼 비크람은 내 대답에 대해 잠시 생각하더니 고개를 끄덕이곤 이내 서브를 넣었다. 공은 내 탁구채를 아슬아슬하게 비켜 휘어져 지나갔다. 그러자 녀석은 미소를 지으며 말했다.

"네가 형편없는 탁구 선수로도 행복하다면, 이미 원하는 삶을 이뤘구나."

세월이 흘러 나는 '성공한 사람들을 자주 만나야 하는' 직업을 갖게 되었다. 나는 「포춘」지 선정 500대 기업 관리자들이나 성공한 호텔 사업가, 또는 세상에 없던 기술로 수십억을 벌어들인 사람이나 프로구단 소유주들과도 함께 일해 보았다. 그들 가운데는 성공과 행복을 동시에 성취한 사람도 있었지만, 직업적으로는 정상에 올랐음에도 뭔가 충족되지 못한 감정을 느끼는 사람들 역시 놀라울 정도로 많았다. 지위나 직업적 야망, 배경, 개인이 처한 상황이 어떻든 우리는 누구나 직업적 성취와 만족이라는 비슷한 목표를 갈구한다. 내가 아는 사람 중에 이 목표를 가장 훌륭히 달성한 사람은 하워드였다. 열다섯 살 때 비크람이 '원하는 삶'이라는 화두를 던져주었다면, 하워드는 그런 삶을 살기 위한 도전 과제를 보여주었다.

2011년 초여름 저녁, 나는 하워드와 함께 지는 해를 바라보며 매사추세츠 해변을 걷고 있었다. 우리는 이따금 걸음을 멈추고 석양빛에 물든 밀물과 썰물을 한참 바라보기도 했다. 가까운 바다 위로는 요트가 천천히 지나가며 물결을 일으켰고, 바닷새들이 먹이를 찾아

자맥질을 할 때마다 수면이 찰랑거렸다.

그 무렵 나는 이 책의 마지막 장을 거의 마무리해 가는 중이었다. 원고를 쓰는 동안 내 머릿속에서는 '선물'이라는 단어가 한시도 떠나지 않았다. 그것은 아마 이 책이 하워드에게 새롭게 부여된 '생명'이라는 선물 덕분에 탄생할 수 있었기 때문일 것이다. 2007년 1월, 그가 심장마비로 쓰러졌을 때 신속하게 휴대용 제세동기를 가져온 사람과 심폐소생술을 시행한 사람들 덕분에 그는 새로운 생명을 얻었다. 그것은 하워드의 인생에서 가장 소중한 선물이 아닐 수 없다.

"에릭, 나는 이제 남은 내 인생을 세상에 대한, 그리고 사람들에 대한 선물처럼 살아갈 생각이야."

하워드는 자신의 삶과 경험, 생각들이 누군가의 인생을 비추는 선물이 되기를 바란다고 말했다. 그 말을 듣는 순간 「라이언 킹」의 주제가 「삶의 순환 Circle of Life」이 떠올랐다. 하워드는 자신이 받은 선물을 고스란히 우리에게 되돌려줌으로써 지혜의 순환이 이루어지기를 꿈꾸었던 것이다.

그는 천부적으로 많은 재능을 선물 받았다. 빛나는 지성과 따뜻한 유머, 개인의 능력과 동기에 대한 탁월한 통찰력, 문제의 핵심을 찌르는 예리한 간파력, 그리고 개인과 조직에 대한 뛰어난 전략적 관점 등 삶과 경험으로부터 받은 하워드의 지혜는 우리에게 기폭제와 같은 선물이 될 것이다. 이 선물은 영감과 자율권을 부여하며, 자신만이 달성할 수 있는 목표를 위해 행동하도록 우리를 일깨울 것이다. 그 목표는 각자의 인생에서 자신의 정체성과 열망이 담긴 고유한 비전을 정의하고 성취하는 것이다. 이제 그 선물을 세상으로 훨훨 날려 보내야 할 시간이다. 나는 하워드에게 마지막으로 하고 싶은 한마디가 있는지 물어보기 위해 지금 이 순간, 노을 지는 바다를 걷고 있는 것이다. 그리고 바다가 온통 붉게 물들어갈 즈음, 하워드가 그 '한마디'를 해주었다.

"물결에 대한 계획을 세워야 해."

그는 필생의 일을 추구하는 동안 물보라뿐만 아니라 물결에 대한 계획도 세워야 한다고 말했다.

"그 말씀은 어떤 의미죠?"

그러자 하워드는 작은 돌멩이 하나를 집어들더니 바다 위로 던지며 말했다.

"물 위에 돌을 던지면 거품처럼 물보라를 일으키며 금세 가라앉지. 하지만 돌이 떨어진 곳에서 생긴 물결은 사방으로 점점 멀리 퍼지잖아. 우리도 매일매일 '선택이라는 이름의 돌'을 던지며 살아가고 있지 않은가? 날마다 크고 작은 물보라를 일으키면서."

하워드는 우리의 선택으로 생긴 물결이 어디로, 얼마나 퍼져나갈지를 예상하고 관찰해야 한다고 말했다. 그러기 위해서는 더 넓고 길게 볼 수 있어야 한다. 뿐만 아니라 자신이 일으킨 물결과 주변 사람들이 일으킨 물결이 어떻게 상호작용하는지를 주의 깊게 살펴봐야 한다.

'물보라뿐만 아니라 물결에 대한 계획을 세워라.'

이 말은 우리의 선택과 행동, 사건에 단기적인 영향과 장기적인 영향이 모두 들어 있다는 사실을 인식하라는 의미이다. 여기서 어느 한쪽이 다른 쪽보다 더 중요한 것은 아니다. 즉각적인 영향이 너무 큰 탓에 장기적인 영향은 거의 중요하지 않은 상황이 있는 반면, 후속 효과가 더 크고 오래 지속되는 상황도 있다. 하워드가 제시한 핵심은 장단기 영향을 신중하게 판단하고, 경력과 인생에 미칠 영향을 예상하여 주도적으로 대처하라는 것이다. 또한 장단기 영향에 대한 하워드의 조언은 상호작용에 대한 의미도 포함되어 있다. 우리는 각자 고유한 유산 비전을 정의하고 달성하기 위해 노력하지만 현실적으로 가족, 동료, 친구, 멘토 등 다른 사람과의 상호의존 관계 속에서 필생의 일을 추구할 수밖에 없다. 우리가 일으키는 크고 작은 물결은 서로 교차하고 겹치면서 인생의 연못 안에 놀라운 패턴을 만들어낸다. 하지만 우리는 늘 자신의 입장에서 먼저 생각하는 성향이 있기 때문에 그러한 다면적이고 상호 연관된 패턴을 무시하기 쉽다.

"때로는 상호작용이 불편하거나 성가시고 어렵게 느껴지겠지만, 결국 그러한 교차점이 삶을 진정 가치 있게 만든다는 사실을 잊지 말게."

하워드는 심장마비에서 회복된 후에도, 은퇴하여 매사추세츠의 항구마을로 옮긴 뒤에도 결코 느긋하게 지내지 않았다. 그는 자금조달에 관한 책을 완성하고 출간 준비 중이었으며, 하버드 대학의 과학 및 엔지니어링 과정에 1천억 원 규모의 기부를 받기 위한 협의를 이끌고 있었다. 또 의장을 맡고 있는 하버드 경영대학원 출판부의 도서 출간 계획을 검토하고 있었고, 옛 제자들과 함께 회사의 전략적 의사결정에 대해 이야기를 나누기도 했다. 그 외에도 내가 알지 못하는 대여섯 가지 프로젝트가 더 있었다. 은퇴한 사람이 이렇게 왕성한 활동을 한다는 것은 놀라운 일이다. 하지만 그가 하워드라는 것, 그리고 자신이 원하는 모습과 추구하는 방향을 아주 분명히 알고 있으며, '전진하는 인생을 살자'라는 좌우명을 가진 사람이라는 것을 감안한다면 그다지 놀라운 일도 아니다.

"선생님의 인생에서 은퇴라는 물보라가 그다지 물결을 많이 일으킨 것 같지는 않습니다."

하워드는 잠시 생각하더니 대답했다.

"지금 당장은 아닌 것 같군. 내 경우에는 시간이 좀 더 지나야 물결이 점점 큰 영향을 미칠 것 같아."

하워드는 잠시 멈춰 석양에 물든 바다를 바라보았다. 그의 얼굴에 요다 같은 미소가 조용히 번졌다.

"머지않아 하버드 경영대학원이나 공영라디오 방송에서 함께 지냈던 사람들이 이렇게 얘기하겠지. '하워드 스티븐슨? 어렴풋이 기억이 나긴 하는데, 누구더라?' 하고 말이야."

나는 그저 웃기만 했다.

"당치 않은 말씀이십니다. 설마 선생님이 하버드에 어떤 존재였는지 사람들이 잊을 거라고 생각하시는 건 아니죠? 40년 동안 그곳에 계셨고 수천 명을 가르치셨습니다. 선생님 이름을 딴 교수직까지 있지 않습니까."

하워드는 웃으며 내 어깨에 손을 올렸다.

"물론 자네는 기억하겠지, 에릭. 하지만 결국 사람들은 의사결정을 하거나 문제에 부딪힐 때 찾아가야 할 사람이 아니라 단지 자기 이름을 딴 교수직이 있는 사람으로 나를 기억하게 될 거야. 그리고 그건 자연스러운 일이지. 어쨌건 나는 전진하는 삶을 계속 이어갈 것이고, 아직 완성되지 않는 나만의 비전을 위해 늘 새로운 물결을 만들어갈 걸세. 그게 내가 원하는 삶이고, 또 가장 만족스러운 삶이겠지."

우리는 어두워가는 저녁바다를 바라보며 오랫동안 그렇게 서 있었다.

출판사에 원고를 보내기 위해 이 책을 마무리하는 동안 그 대화가 다시 떠올랐다. 이 책을 쓰기로 결심했을 때 나는 인생의 호수 위로 하나의 선택을 던진 것이었다. 그리고 그 물결이 넘실넘실 퍼져나가면서 또 다른 물결들과 어우러졌다. 빅 찰리의 물결, 미셸과 조지, 루디와 제임스, 제프와 마이클의 물결을 만나자 전혀 예상하지 못했던 무늬가 생겨났다. 그리고 이제 나의 물결은 여러분의 물결과 만나게 될 것이다. 무언가를 선택하고 그것을 끝까지 실행한다는 것은 결국 내 인생의 새로운 무늬를 만드는 일이다. 그것은 경력의 나이테일 수도 있고 지혜의 주름살일 수도 있다. 지금 나를 둘러싼 모든 현실적 상황들도 결국은 과거 어느 순간에 내가 던진 무수한 선택의 돌멩이로부터 퍼져나온 물결인 것이다.

마음속으로 물결의 의미를 곰곰이 되새기다 보니 이 책의 마지막에 적을 완벽한 구절이 생각났다. 깊은 의미와 교훈이 담긴 그 구절에는 하워드가 내게 전한 많은 가르침이 압축되어 있다. 여러분도 이 구절의 의미를 곰곰이 생각하고, 소중한 자신의 삶에 적용해 보기 바란다.

"삶의 물결을 일으켜라."

* * *
"당신이 결정을 내리는 순간,
버려져 있던 어마어마한 에너지가 움직이기 시작한다."
로버트 프리츠

김명철

출판 번역 전문 바른번역㈜ 대표이자 글밥아카데미 원장이다. 저서로는 『출판 번역가로 먹고살기』, 『북배틀』이 있으며, 역서로는 『위대한 기업의 선택』, 『보이지 않는 지능』, 『보이지 않는 고릴라』, 『위대한 기업은 다 어디로 갔을까』, 『새로운 미래가 온다』, 『경제학 콘서트』 등 80여 권이 있다.

유지연

연세대학교 경제학과를 졸업하고, 동국제강과 KT 인사팀에서 근무했다. 이후 IBM GBS에서 경영 컨설턴트로 일하며 인사·조직 및 경영 혁신과 관련된 다수의 프로젝트를 수행했고, 글밥아카데미를 수료한 후 현재 바른번역㈜에서 활동하고 있다.

하워드의 선물 하버드大 전설의 명강의, 인생의 전환점에서 만난 필생의 가르침

초판 1쇄 발행 2013년 3월 4일 **초판 55쇄 발행** 2024년 3월 26일

지은이 에릭 시노웨이·메릴 미도우
옮긴이 김명철·유지연
펴낸이 이승현

출판1 본부장 한수미
와이즈 팀장 장보라
디자인 이세호

펴낸곳 ㈜위즈덤하우스 **출판등록** 2000년 5월 23일 제13-1071호
주소 서울특별시 마포구 양화로 19 합정오피스빌딩 17층
전화 02) 2179-5600 **홈페이지** www.wisdomhouse.co.kr

ISBN 978-89-6086-590-7 13320

* 이 책의 전부 또는 일부 내용을 재사용하려면 반드시 사전에 저작권자와
  ㈜위즈덤하우스의 동의를 받아야 합니다.
* 인쇄·제작 및 유통상의 파본 도서는 구입하신 서점에서 바꿔드립니다.
* 책값은 뒤표지에 있습니다.